KÄRNTEN

Fotos • Christian Senger und Teddy Inthal • Texte

KÄ

Verlag Anton Schroll & Co · Wien und München

Ingrid Gayl-Erkyn und Hardy Brandstätter

RNTEN

Schutzumschlag:
Wollgras am Vorderen Langtalsee
im Nationalpark Hohe Tauern

1. AUFLAGE 1990

Die Flugaufnahmen von Christian Senger wurden vom BMfLV mit Zl. 13.088/47-1.6/90 freigegeben.

Alle Bilder des Bandes wurden mit Leica-Objektiven der Brennweiten 15 bis 560 mm auf Kodachrome 25 und 64 fotografiert.

Gestaltung: Eva Völkel
Printed in Austria
Agens-Werk Geyer + Reisser

ISBN 3-7031-0659-X

VORWORT

In meinem Geburtsort Hüttenberg in Kärnten gab es im Jahre 1980 ein Symposion: „Die letzten Paradiese – gibt es sie noch?“

Man stellte fest, daß die begehrten Touristenziele nicht nur in der Ferne liegen, sondern auch in der engeren Heimat zu finden sind, denn wir müssen bei uns selbst anfangen, das Paradiesische zu sehen und zu erhalten. Es ist ähnlich wie beim Abenteuer, das nicht nur auf fernen Kontinenten, sondern auch vor der eigenen Türe zu erleben ist. Voraussetzung ist freilich, daß man seine Umgebung mit offenen Augen betrachtet, dann erlebt man das Abenteuer auch im Leuchten des gelben Mohns oder beim Anblick der alten Römerstraße. Oft lernt man die Schönheiten der heimischen Landschaft erst durch Fremde kennen, die Fragen stellen: Wo ist der Dom, den der Papst zu sehen wünschte, wo der wärmste Badesee, wie heißt der höchste Gipfel Kärntens?

Ich freue mich, daß zwei junge Kärntner sich die Mühe gemacht haben, ihre Heimat nicht nur mit offenen Augen zu sehen, sondern sie auch mit künstlerischem Blick in prachtvollen Bildern festgehalten haben. Es war ihr Wunsch, einmal nicht das übliche Ansichtskartenklischee mit blauem Himmel und weißen Segelbooten zu zeigen, sondern eigene Wege zu gehen. Das bedurfte allerdings einer sehr langen Zeit. Es ist eine bekannte Tatsache, daß ein erfahrener Journalist schon nach einer Woche ein ganz gutes Buch über eine bestimmte Gegend herausgeben kann. Ist dieselbe Person ein Jahr in dieser Landschaft, zeigt die Erfahrung, daß er nun befangen ist und feststellen muß, wie wenig er weiß; und er fühlt sich nun nicht mehr in der Lage, ein verantwortungsvolles Buch herauszugeben.

Christian Senger und Teddy Inthal hatten die Geduld, zehn Jahre lang zu suchen und zu schauen, bis sie dann von jeder Jahreszeit und jedem Motiv das für sie Höchstmögliche gefunden hatten. Da sie auch gute Bergsteiger sind, konnten sie Aussichten und Panoramen festhalten, zu denen man nur auf beschwerlichem Wege gelangen kann und die daher von den meisten Menschen nicht erreicht werden können. Das wunderschöne Buch mit seinen vielgestaltigen Bildern wird den interessierten Leser anregen, nicht auf kürzestem und schnellstem Wege durch Kärnten zu rasen, sondern sich Zeit zu nehmen, auf Seitenstraßen die Motive dieses Bildbandes aufzusuchen. Obwohl Kärnten auch meine Heimat ist, habe ich beim Betrachten dieser Bilder erfahren, wieviel Schönes und Neues es auch für mich noch zu sehen gibt.

Hierbei erinnere ich mich an meinen Freund Ernst Haas, den berühmten österreichischen Fotografen. Als ich bei ihm in New York zu Gast war, erschien im „Life"-Magazin ein Bildbericht von ihm über diese faszinierende Stadt. Die New Yorker waren so begeistert über all das Unbekannte, das sie durch seine Augen zu sehen bekamen, daß „Life" sofort eine weitere Serie Bilder von ihm brachte. Ernst Haas war eines meiner Vorbilder. Aber auch ein anderer Künstler, Anselm Adams, inspirierte mich durch sein großes Können für meine eigenen Bildbände. Adams, vielleicht der berühmteste Landschaftsfotograf und Meister der Schwarzweißfotografie, lebte in einem bezaubernden, von Blumen überwucherten Haus – wie Dornröschens Schloß – auf einem Hügel in San Franzisko. Stundenlang durfte ich bei meinem Besuch seine Werke betrachten, und ich war tief beeindruckt von der Ausstrahlung und Persönlichkeit dieses großen Künstlers.

Schaut man sich den Bildband über Kärnten in aller Ruhe an, vertieft sich in die stimmungsvollen Bilder und genießt die ästhetischen Farben, so spürt man – und beide haben es mir bestätigt –, daß auch ihre Vorbilder diese außergewöhnlichen Männer sind. Es würde in einem Vorwort zu weit führen, alle jene Bilder aufzuzählen, die mir durch ihre Qualität und künstlerische Aussagekraft am besten gefallen. Man hat ein Buch in der Hand, welches das Grelle und Aufdringliche vermeidet und in noblen, malerischen Bildern den eher melancholischen Charakter der Kärntner zeigt, der ja auch in ihren Liedern Ausdruck findet.

Es bleibt eigentlich nur ein Wunsch offen, daß die beiden weiter suchen, um uns noch mehr von der Vielfalt Kärntens in einer Fortsetzung zu präsentieren.

Heinrich Harrer

Immer sind es die alltäglichen Geschichten, die so schwer zu erzählen sind. Und ebenso schwer ist es, einem Land gerecht zu werden, das man liebt, vor allem, wenn es so reich an Facetten, aber auch an Widersprüchen ist wie Kärnten. Dieses kleine Land hat eine seltsame Ausstrahlung, und es ist schwer zu entscheiden, woher sie rührt. Vielleicht ist es die Art, in der die Geschichte mit der Landschaft verwoben ist, vielleicht der besondere Menschenschlag, eine „gesunde Mischung" aus denkbar verschiedenen Völkerschaften, vielleicht alles zusammen.

Kärnten liegt an einer sensiblen Stelle. Drei Kulturkreise stoßen hier aufeinander, durch schroffe Gebirge getrennt, doch durch Pforten und Pässe verbunden. Ganze Völkerwanderungen aus Oberitalien und dem südosteuropäischen Raum zogen durch Kärnten; ganze Völkerscharen ziehen heute wieder Sommer für Sommer durch dieses Land. Historisch aber wurde Kärnten so zum Schnittpunkt unterschiedlicher Sprach- und Kulturkreise. Das Zusammenleben, die Symbiose am Berührungspunkt dreier Kulturkreise war nicht leicht und nie konfliktfrei. Durch den Nationalismus des 19. Jahrhunderts und seine noch immer existierenden Nachkommen kam viel Leid und Unheil über die Menschen dieser Gegend. Nicht das Bekennen und Verwirklichen der eigenen nationalen Identität war die Wurzel des Problems, sondern die Intoleranz der jeweils anderen Volksgruppe gegenüber. Zwar leben wir nebeneinander, spannungsärmer als vor Jahren; aber das Ziel, aus dem Nebeneinander ein echtes Miteinander zu machen, ist noch nicht ganz erreicht.

Kärnten verdankt paradoxerweise seine schöne Landschaft einer unwirtlichen Epoche der Erdgeschichte – der Eiszeit, die weitgehend den Formenschatz unserer Berge mitprägte. In ihren Vorstößen haben die Gletscher Täler und Becken ausgeschürft und Moränen angeschoben. Das größte Geschenk, das sie Kärnten aber gemacht haben, sind die Seen. Über 1000 sind es, davon 200 in Temperaturbereichen, die sie als Badeseen interessant machen. Seit vielen Jahren sind sie Kristallisationspunkte des Tourismus. Was nostalgisch romantisierend mit Seevillen der Aristokratie und des Geldadels begann, Größen der Kulturszene von Brahms bis Mahler nach Kärnten brachte, ist zu einem Massentourismus mit allen bedenklichen Nebenerscheinungen angeschwollen. Vor Jahren hätte es beinahe schon ein Fiasko gegeben: Als Badewannen sonnenbeölter Touristenscharen mißbraucht, im Würgegriff der Hotelketten und Campingplätze, standen die Seen in den frühen siebziger Jahren kurz vor dem ökologischen Kollaps. Doch der Patient Natur konnte noch einmal geheilt werden: Mit viel Einsicht – und viel, viel Geld! – ist den Kärntnern die Sanierung und Erhaltung dieses Schatzes gelungen. Jetzt, da am Mittelmeer die Strände unter einer stinkenden „Algenblüte" – was für ein Wort für dieses Phänomen! – leiden, sind die großen Kärntner Seen Zuflucht und Hoffnungsgebiet auf dem Weg zur Sonne. Die Opfer und Mühen für ihre Erhaltung beginnen sich auch finanziell auszuzahlen. Es steht zu hoffen, daß auch die Bilanz der Natur bei all dem positiv bleibt! Kärnten aber ist mehr als bloßes Mittelmeer-Surrogat. Wer es nur als überdimensionale Strandpromenade um seine herrlichen Gewässer betrachtet, versteht es falsch.

Von „des Glockners Eisgefilden", wie es im Kärntner Heimatlied heißt, bis zu der steilen Mauer der Karawanken im Süden spannt sich ein weiter Bogen von organisch ineinandergreifenden Landschaftstypen, von vergletscherten Hochgebirgsklötzen über Tallandschaften bis zu freundlichen, milden Becken. Verbunden wird das Ganze durch das Geäder der Flüsse, die allesamt der Drau zufließen, der Schlagader Kärntens. „Hauptfluß“ – was für eine trockene, bürokratisch-geographische Bezeichnung für diesen fast heiligen Fluß, der im volkstümlichen Denken mütterliche Züge angenommen hat. „Im grünen Kleid – ein Silberband“, heißt es in ebendiesem Kärntner Heimatlied. Nun, man soll Heimatlieder nicht auf die Goldwaage legen; inzwischen ist aus dem Silberband eine Kette von Stauwerken geworden, deren Kraft durch Turbinen und Steckdosen fließt. Auch die Silberfarbe ist abgeblättert und dem modernen Industrie-Grau gewichen. Das grüne Kleid jedoch, das ist geblieben, und jeder Frühling malt es neu.

Fest im volkstümlichen Denken verankert, zerfällt Kärnten durch eine imaginäre Grenze in zwei Teile: Der Meridian von Villach teilt Oberkärnten, das Land der rauhen Berge und der engen Täler, von Unterkärnten, dem Land weiter, freundlicher Becken oder „Felder“, wie die Einheimischen sagen. Riegel und Hügelrücken gliedern sie, markante Erhebungen ragen aus ihnen empor – in Wahrheit nur Hügel, als „Bergalan“ von den Oberkärntnern milde belächelt. Diese „Felder“ sind die historischen Kernzonen unseres Landes. Wer immer Herr im Lande war oder sich wenigstens im Besitz dieser Herrschaft wähnte, regierte, handelte oder missionierte aus diesen Zentralräumen. Ob Kelten, Römer, Slawen, Bajuwaren oder Franken – durch welches Einfallstor sie Kärnten auch betraten, sie setzten sich in diese politisch und strategisch bedeutenden Beckenlandschaften.

Das Kulturleben der lichtdurchfluteten Becken hatte sein Hinterland: die Berge. Was heute durch Wege und Straßen restlos erschlossen ist, war einst entlegen, abgeschlossen, unzugänglich, gefahrdrohend, beängstigend unwirtlich. Viele Monate unter einer Schneedecke gefangen, das düstere Reich von Bauern, die nie in das Licht der Historie traten. Kaum glaubhaft, daß in den tief eingekerbten Tälern seit Jahrtausenden Menschen ihr Auskommen finden. Noch unglaublicher jedoch, daß dieses Gebiet lange so etwas wie ein Wirtschaftsraum von europäischer Bedeutung war! Denn die Berge hatten reiche Eingeweide: Erze. Bereits im vorchristlichen Römerreich hatte das „norische Eisen“ einen guten Klang. Man holte es aus Schächten und Gruben der Saualpe, z. B. in Hüttenberg, fand es im Lavanttal, im Gitschtal und im Liesertal und schmolz es in Hochöfen, die uns zum Teil noch als Denkmäler bergmännischen Know-hows erhalten sind. Vom Erz lebten auch Holzfäller, Köhler und die Kohlenfuhrmänner. Ganze Karawanen von Pferdefuhrwerken karrten damals die Kohle zu den Öfen, ein guter Nebenerwerb für die Bauern.

Man grub Blei- und Zinkerze in Bleiberg und im Radlgraben bei Gmünd und fand vor allem auch Gold, holte es in windschiefen Stollen aus den Tauern, die unerschöpflich schienen. In den Zeiten, da die menschliche Arbeitskraft noch nicht der limitierende Faktor in den Rentabilitätsrechnungen war, waren die Kärntner Berge ein Dorado der damals bekannten Welt. Sogar aus Sachsen und Thüringen lockte man Knappen in die Berge, die ihnen unwirtlich und feindlich erscheinen mußten. In den Tauern entstanden Siedlungen, Schmelzhütten und Hammerwerke. Zwar älter, aber nicht so bekannt wie die amerikanischen „Ghosttowns“, verleiten sie heute als Ruinen Romantiker zu phantastischen Spekulationen. Doch irgendwann wurde das Tauerngold zu teuer. Und mit der Konkurrenz der amerikanischen Gold- und Silberfelder begann der langsame Abstieg zur Bedeutungslosigkeit und Verarmung. Viele Menschen verließen die Gegend. Manche aber blieben. In

Tälern, schmal mit tiefliegendem Grund, der oft Wochen und Monate nicht vom Sonnenlicht erreicht wird, auf Höfen an Hänge und Bergrücken gelehnt, so einsam, daß der Kirchgang zur Expedition geriet. Sie paßten sich an, boten der Natur wenig Widerstand und waren trotzdem stark.

Heute machen die Hohen Tauern wieder Geschichte: Zusammen mit dem Land Salzburg hat Kärnten hier den ersten und bislang einzigen Nationalpark Österreichs errichtet. Die höchste Gebirgsgruppe des Alpenhauptkammes mit dem Großglockner, dem fast 4000 m hohen höchsten Gipfel Österreichs, war in Gefahr, von Verkehrsbauten und den Infrastrukturen eines nur wenige Monate dauernden Saison-Fremdenverkehrs zerstückelt und zersiedelt, beschädigt und verschandelt zu werden. Der Lebensraum „Hochgebirge", eines der sensibelsten – und für Österreich typischesten – Ökosysteme, war bedroht und mit ihm seine reiche Fauna und Flora. Die Sommer-Schi-Szene streckte ihre Fäustlinge immer begehrlicher nach den Gletschern aus, und den Hochgebirgstälern standen die Stauseen bis zum Hals, man denke an Großfragant, Reißeck und die leidige Kölnbreinsperre im Maltatal. Zwar wurden vorher bereits kleine Flecken unter Naturschutz gestellt, z. B. die Gamsgrube am Rand des Pasterzengletschers. Ein Nationalpark aber will mehr als einfache Betrittsverbote! Es geht nicht nur darum, die gesamte Naturlandschaft der Berge, Gletscher, Gletscherbäche und alpinen Bereiche zu schützen; auch die Kulturlandschaft dieser Gegend, ein wahres Schatzkästchen an althergebrachter Bergbauernwirtschaft, soll erhalten werden. Weiler, die hoch an den Bergflanken auf der Sonnseite liegen, entlegene Almen, zu denen nur der Bergwanderer findet, steile Bergmähder. Es ist kein lebendes Museum, es ist eine lebendige Alternative zur Produktions- und Profitgesellschaft, die längst ihre Verantwortung gegenüber Land und Landschaft verloren hat. Ökonomie im Einklang mit Ökologie wird hier noch durchlebt, von Bauern, die noch Landschaftspfleger sind. Vor allem aber sollen Besucher nicht ausgesperrt werden, im Gegenteil! Mit besonderen Einrichtungen versucht man, Bergwanderern und anderen „sanften" Touristen eine gesunde Landschaft zur Erlebnislandschaft werden zu lassen. Die Einteilung des Gesamtbereiches in „Kernzonen" und „Randzonen" nach verschieden strikten Schutzkategorien soll diesen Gedanken noch wirkungsvoller umsetzen. Einzigartige und verletzliche Natur unter Schutz zu stellen, war eine Tat von großem Weitblick und Verantwortungsbewußtsein, denn zu verlockend sind die Vorteile der modernen Tourismuswirtschaft für die hart um ihr Auskommen kämpfenden Bergbauern.

Im Verein mit den Natur- und Landschaftsschutzgebieten der Nockberge, der Turracher Höhe und anderen ist die Zukunft des „Daches Kärntens" also gesichert. Die verschonten „Wassalan" dürfen weiterhin ungestaut und ungetrübt in die Möll und mit ihr kurz vor Spittal in die Drau rinnen. Nun verlieren die Berge an Höhe. Keiner erreicht mehr die Dreitausendermarke. Sie weichen auseinander, machen Platz für das erste, wenn auch noch kleine Becken, das Lurnfeld. Hier am Holzer Berg, einem zur Drau steil abfallenden Hügel, lag das alte Teurnia. Als Handels- und Verwaltungsstadt, zudem Bischofssitz, wurde es am Ende der römischen Periode Kärntens die Metropole des Landes; die geheimnisvolle Hauptstadt Virunum im Zollfeld wurde mit der Schwächung der römischen Militärmacht den keltoromanischen Siedlern zu unsicher. Sie wichen in entlegenere, geschütztere Teile des Landes aus.

Der Zentralraum wurde in der Zeit der Völkerwanderung zum Durchhaus. Die verschiedensten Sippen, Stämme und Völker zogen aus allen Windrichtungen in das gelobte Land Italien. Und jeder dieser Wanderzüge brachte Zerstörung und Verödung. Auf Dauer half die Verlegung der Provinzhauptstadt ins Lurnfeld nichts. Im Jahre 589 n. Chr. wurde Teurnia von den Slawen erstürmt und zerstört. Karnburg auf dem Zollfeld wird nun zum Mittelpunkt eines slawischen Fürstentums.

Die Nachfolgesiedlung der antiken Stadt Teurnia aber dämmerte im Mittelalter als eher unbedeutender Marktflecken an der Mündung der Lieser in die Drau dahin. Adelige und Bürger hatten hier ein „Spittel", eine Bleibe für Kranke und Arme, gestiftet, das dem Ort seinen Namen „Spittal" gibt. Der kleine Ort, Sitz der Grafen von Ortenburg, aber steht ganz im Schatten der Stadt Gmünd, die den Salzburger Bischöfen gehört. Und da geschieht kulturhistorisch Einmaliges: Die Salamanca und Porcia, aufgeklärte und humanistisch gebildete Aristokraten, folgen den ausgestorbenen Ortenburgern nach. Sie bauen in Spittal ein Schloß. Nicht irgendeinen Adelssitz, nein, einen Renaissance-Palazzo, eher auf einen toskanischen Campo passend, setzen sie mitten in die Alpen. Und mit dem Selbstverständnis der Renaissancefürsten verwenden sie die römischen Steine von Teurnia, die unwissende Bauern aus dem Boden pflügen. Ungeheuer muß der Eindruck auf frühe Reisende gewesen sein, wenn sie nach der Überquerung der Alpen vor diesem Vorboten des Südens standen. Der Weg nach Italien war noch weit.
Drauab geht es nach Villach. In die Napoleonswiese oberhalb von Warmbad Villach sind ausgedehnte Reste einer römischen Straßentrasse eingekerbt. Diese holprigen Wagenspuren waren einst eine Schlagader des Verkehrs im römischen Reich. Sie verbanden die erzreichen norischen Provinzen mit dem italischen Kernland, brachten wirtschaftlichen Aufschwung gepaart mit mediterraner Kultur in die Einschicht der Alpen. Erz und Salz reisten nach Süden; entgegen kam ein Lebensstil mit all seinen Ausprägungen in Architektur, Literatur und Ökonomie, konnte sich hier für ein halbes Jahrtausend etablieren, bevor er in einer Zeit des Umbruchs und der Völkerwanderung untergehen mußte.
Im Mittelalter belebten sich diese Wege wieder. Villach wurde zu einem wichtigen Handelsplatz an der Route von Venedig nach Süddeutschland. Die Villacher Handelsherren pflegten Geschäftsverbindungen mit den Fuggern in Augsburg genauso wie mit den Foscari in Venedig. Und sie erwarben Adelstitel und Macht, indem sie ihren finanzmaroden Kaisern Geld liehen.
Im Jahre 1348 n. Chr. traf Kärnten eine Naturkatastrophe. In weiten Teilen bebte die Erde. Villach lag innerhalb weniger Minuten in Schutt. Der Dobratsch aber, die Villacher Alpe, spaltete sich, seine Südwand brach als Bergsturz herab und verlegte das Gailtal. Die Gail wurde aufgestaut und ertränkte in der Folge zwanzig Ortschaften, bis sich der Fluß ein neues Bett durch den Blockwurf gegraben hatte. Obzwar bereits wieder bewaldet, ist bis heute die Halde des Bergsturzes als „Schütt" zu erkennen, die Abrißfläche aber ragt als „Rote Wand" hoch über dem Gailtal auf. Das Erdbeben war ein schwerer Rückschlag für Villach. Da sich auch der Handel weg von Venedig verlagerte, döste die Stadt Jahrhunderte in tiefster Provinzialität dahin.
Es war wieder seine verkehrspolitische Lage, die Villach seit dem vorigen Jahrhundert einen anhaltenden Aufschwung bescherte. Und heute liegt die Stadt im Kreuzungspunkt von bedeutenden

europäischen Verkehrslinien; Autobahnen und Eisenbahnen verknoten sich hier. Die Distanzen sind kurz geworden. Und so angenehm es für die Villacher auch sein mag – heute fahren die meisten an Villach vorbei, ohne den Fuß vom Gaspedal zu nehmen.
Stromab von Villach trägt das Tal der Drau den Namen „Rosental". Vom Sattnitzzug an den Fuß der Karawanken gedrängt, schuf die Drau hier ein reizendes Tal, so richtig einen verwunschenen Winkel Kärntens. Er atmet wie eh und je die Stille und Verschwiegenheit eines alten Bauerngebietes auf sanften Hügeln unter den Wänden der Karawanken und den Steilabstürzen der Sattnitz. Bald nach der Annabrücke kehrt die Drau wieder ins Hauptbecken zurück, nimmt die Gurk auf und strömt nun behäbig durch das breite Jauntal ihrem Kärntner Ende nach der Lavantmündung zu.

Rosental, Sattnitz und Jauntal sind die Zentren des slowenischen Siedlungsgebietes. Slowenische Bauern waren hier bereits um 600 n. Chr. eingewandert. Als „Windische" lebten sie in Streusiedlungen und konnten bis ins 20. Jahrhundert ihre Sprache und Kultur bewahren, obschon die politischen Verhältnisse die deutschsprachige Bevölkerung, vor allem ausgewanderte Bajuwaren, begünstigte. Zwar besinnen sich die Slowenen vermehrt ihrer ethnischen Eigenständigkeit, doch gerade das führte zu heftigen Konflikten mit der Mehrheitsbevölkerung. Dennoch brachten sie eine reizvolle Facette nach Kärnten, ihr Einfluß ist vielerorts fühlbar, sei es in Ortsnamen, sprachlichen Wendungen oder in der leisen Schwermut, die das Kärntner Lied im Unterland prägt. Der Maler Werner Berg hat ihre Welt in Bilder gefaßt; in seinem expressiven Œuvre fängt er Stimmung und Eigenart dieser Talschaften zauberhaft ein.
Jauntal, Klagenfurter Becken, Zollfeld und Krappfeld sind das Kernland, die Urzelle Kärntens. Breit und offen liegen sie da, umgeben von Bergen, die den Kelten als heilig galten und die heute noch im christlich verbrämten Brauchtum eine besondere Verehrung genießen. Alljährlich findet hier eine Wallfahrt statt, die, den Lauf der Sonne nachahmend, diese vier heiligen Berge in einem Gewaltmarsch verbindet. Auf einem von ihnen, dem Magdalensberg, lag eine römische Stadt, heute zwar ausgegraben, doch immer noch geheimnisvoll. Nicht einmal der Wissenschaftler kennt ihren Namen, weiß den Grund, warum ihre Bewohner den Ort auf dem Hügel verließen und sich in der Ebene des Zollfeldes ansiedelten. Sie gründeten Claudium Virunum, einen Platz, der alle Annehmlichkeiten des römischen Lebens bot. Ein Quadratkilometer mit Ämtern, Thermen, Forum und Theater. Repräsentativ, aber nicht verteidigbar, mußte die Stadt zur Zeit der beginnenden Völkerwanderung aufgegeben werden. Heute decken Felder die antike Metropole. Nur hie und da scharrt man Hinweise und Relikte der Blütezeit aus der Ackererde.
Die Anziehungskraft des Zollfeldes erlosch nicht ganz. Schon in der karolingischen Zeit entstehen hier Pfalzen. Und hier wird sogar ein Kaiser geboren: Arnulf von Kärnten, der das Frankenreich von der normannischen Gefahr befreit. 100 Jahre später wird Kärnten Herzogtum, seine Hauptstadt liegt naturgemäß im Kernland, an den Ufern der Glan: St. Veit. Und mitten im Zollfeld stehen auch die Inthronisationsorte der Kärntner Herzöge: der Herzogstuhl und der Fürstenstein. Auf ihnen wurden die Herzöge von Kärnten in einer uralten, überlieferten Zeremonie eingesetzt. Später, als dann die Habsburger die Macht übernahmen, wählten sie Klagenfurt zur neuen Hauptstadt, allerdings ohne dort zu residieren. Hauptstadt ohne Herrscher – ein provinzieller Triumph für die wunderliche

Stadt, die soeben aus den Ruinen eines Totalbrandes wiedererstanden war. Eine Stadt, um deren Namen sich Legenden und erklärende Theorien ranken, an Glan und Sattnitz gelegen, vor den Toren den größten See Kärntens, den Wörther See, so genannt nach „Werder“, das bedeutet Insel. Wo heute Minimundus, die kleine Stadt, und der Europapark liegen, dehnte sich damals ein mythisches Niedermoor mit dem sagenhaften, gefräßigen Lindwurm; seit ihrer Gründung hält er als gemeißeltes Wappentier die Stellung im Zentrum der Stadt. Heute hat die Stadt den See erreicht, den schönsten und berühmtesten Badesee: Welche Stadtväter können das ihren Bürgern schon bieten? Dazu bedarf es guter Beziehungen zu den höchsten, ja allerhöchsten Instanzen! Der liebe Gott muß ein Faible für die Klagenfurter gehabt haben. Der See ist auch ein wichtiger Stein im Brettspiel um die Popularität im traditionellen Kleinkrieg mit Villach, das alljährlich im Karneval mit seinem „Villacher Fasching“ mediale Meriten einheimst.
Heute ist Klagenfurt das Herz des Unterlandes, idealer Ausgangspunkt für Tagesfahrten an die Drau, in die Täler der Gurktaler Alpen, ins Krappfeld, Görtschitz- und Lavanttal, vorbei an den von zahllosen Ruinen und Burgen gekrönten Bergen, allen voran die märchenhafte, nie eroberte und daher unzerstörte Festung Hochosterwitz. Oder nach Karnburg, wo die älteste Kirche der Ostalpen steht, und zum unvergleichlichen romanischen Dom von Gurk. Aber auch zauberhafte Bergfahrten ins Grenzland und Abstecher ins Nockgebiet, wo die neue Nockalm-Aussichtsstraße in die Welt der sanften Formen führt, sind möglich.
Und auch kulturell hat Klagenfurt einiges zu bieten, ist es doch der Geburtsort bedeutender Literaten; von Musil bis Bachmann spannt sich der Bogen. Zu Lebzeiten wurden sie von ihren Mitbürgern nicht immer verstanden, heute sind sie freilich anerkannt und geehrt. Einer der bedeutendsten Literatur-Wettbewerbe des deutschen Sprachraumes findet alljährlich in Klagenfurt statt, und der Sieger wird mit dem „Ingeborg-Bachmann-Preis“ ausgezeichnet.
So sieht sie also aus, die Heimat des Kärntners, und es ist langsam höchste Zeit, daß er selbst die Bühne betritt. Er gilt als gemütlich, freundlich, sehr liebenswürdig – ein Klischee, das eigentümlicherweise wirklich stimmt. Auch seine Sprache, ein weicher, gutturaler, melodischer Dialekt mit vielen Längen und dumpfen Lauten bringt diese Ruhe zum Ausdruck. Von dorther hat der Kärntner auch seinen Spitznamen weg: „Karntner lei lei“ nennt man ihn nach seiner Lieblingsvokabel „lei“, die eigentlich „nur“ bedeutet, aber in zahlreichen Schattierungen verwendet wird. So sagt man, der Kärntner Leibspruch sei „lei loßn“. Als heimische Version des „laissez faire“ kann er zwischen „laßt ihn nur machen“ bis „nur nicht aufregen“ alles bedeuten.
Das Kärntnerische ist reich an altertümlichen Wendungen und blumigen Ausdrücken; viele regionale Besonderheiten, für nicht Eingeweihte unverständlich, sind dabei. So pflegt man in Kärnten den Touristen spitzbübisch hineinzulegen, indem man ihn etwa „a schloglechareiche Stroßn“ sprechen läßt (das wäre eine Straße mit Schlaglöchern, einst die leidige Folge jeden Winters) und sich diebisch freut, wenn der andere das fast stimmlose, leicht angerauhte Kärntner „c–h“ nicht schafft. Oder man erklärt des langen und breiten, daß das „a“, je nachdem wie offen oder geschlossen es gesprochen wird, mit der Größe der Objekte zu tun hat; Paradebeispiel: „a Maasn“ ist eine kleine Meise, „a Hohne“ ist ein Hahn und die große Gans heißt dann „a Goons“. Zudem hat die Isolation der Alpentäler auch zu verschiedenen Teildialekten geführt, mit denen

die Kärntner selbst einander „tratzn" (= necken). Den Mölltalern, die vor jedem „R" am Wortanfang ein „H" sprechen, wird wohl ewig die „Hrangerschdorfer Hreidn" (= Kurve bei dem Ort Rangersdorf) nachhängen, und am Weißensee, einem besonders abgeschlossenen Hochbecken mit zahllosen Spracheigentümlichkeiten, brüstet man sich selbst mit Aussagen wie: „Ban uns ban See do geht da Monat auf ols wie a Zaane". Im Klartext: „Bei uns am See geht der Mond auf wie ein großer runder Korb zum Grassammeln". Den Windischen unterstellt man ein „oba" (= aber) in jedem Satz, etwa über das Wetter: „Is oba a schians Wetta oba" und scherzt über ihre deutsch-slowenische Mischsprache: „Bož pa puaču še an Doppllitr" (= Bring halt einen Doppelliter).
Jedenfalls wäre der Fremde nicht schlecht beraten, sich vor einem Kärntenbesuch einen Sprachführer zuzulegen, obzwar heute viele der bodenständigen Ausdrücke einer allgemeinen Gleichmacherei geopfert wurden und „Tschurtschn" (= Nadelbaumzapfen), „Strankalan" (= Grüne Bohnen), „Türkn" (= Mais) und „Hadn" (= Buchweizen) selbst Österreichern aus den benachbarten Bundesländern ein Rätsel bleiben.

Ähnlich erging es den vielen von Tal zu Tal verschiedenen Trachten und den Volksbräuchen, die allerdings im Zuge der allgemeinen Nostalgie eine Renaissance erleben. Viele alte und traditionsreiche Bräuche sind dabei. In den zwölf Rauhnächten von Weihnachten bis Heilige Drei Könige laufen die „Perchtl" mit der „Habergaß" – zottige Urgestalten; dann kommen die Sternsinger, die in manchem Winkel Kärntens noch die alten, wunderschönen kunstvollen Sterne vor sich her tragen. Zu Lichtmeß setzen die Kinder in Eisenkappel liebevoll gebastelte papierene Kirchen mit brennenden Kerzen in die Vellach und lassen sie flußabwärts treiben. Zu Ostern brennen in ganz Kärnten haushohe Reisighaufen auf den noch kahlen Feldern, letzte Erinnerung an die vielen verschwundenen Feuerbräuche. Zwei Bräuche aber haben fast internationale Berühmtheit erlangt: Das Kufenstechen im Gailtal und das Weitensfelder Kranzlreiten, beides Pfingstbräuche. Beim „Kufenstechen" reiten junge Burschen an einem Faß auf einem hohen Pfahl vorbei und müssen versuchen, es durch einen Schlag mit einer kurzen Eisenstange aus dem gestreckten Galopp zu zertrümmern. Das „Kranzlreiten" aber ist die rituelle Wiederholung einer mythischen Brautwerbung aus der Vorzeit. Beide rufen wahre Aufläufe von Zuschauern, Fotografen und Fernsehkameras hervor, was immer wieder Diskussionen über die Vermarktung des Volkstums hervorruft. Aber gehörten die Zuschauer nicht immer schon eng zu diesen Schau-Bräuchen dazu? Nun hat sich der Kreis eben erweitert.

Deutlichsten Ausdruck aber findet die Kärntner Seele zweifellos im Kärntner Lied. Die Sangesfreude der Kärntner ist geradezu sprichwörtlich, man sagt: „Wenn sich zwei Kärntner treffen, dann singen sie dreistimmig". Kärntner Volkslieder heben sich deutlich von anderen alpenländischen Singweisen ab. Sie werden a cappella ein- bis fünfstimmig gesungen, Wunder an Harmonie und Innigkeit. Sie haben sich heute lebendig und völlig unverkitscht erhalten. Man singt sie oft und gerne, und zwar zur eigenen Freude und Geselligkeit und keinesfalls, um Brauchtumspflege zu treiben; eine Absicht, die man im Gegensatz dazu dem Volkstanz nicht ganz absprechen kann. Und das Liedgut erweitert sich von Jahr zu Jahr. Lehrer, Pfarrer, Bankbeamte, Gastwirte schreiben neue Lieder, ganz so, wie es immer gemacht wurde, nur kennt man heute die Autoren. Sie treffen den Volkston, nicht, weil sie es gelernt haben, sondern weil sie selbst noch in diesem Volkstum zu Hause sind. Und wohl jedes Dorf hat seine Singgemeinde, obwohl nicht der große Chor, sondern die kleine Form des Quintettes oder gemischten Doppelquintettes dem Kärntner Lied eher entspricht. Die schlichten, innigen Texte von früher werden ebenso gerne gesungen wie die neuen. Der unverwechselbare „Sound" ist weit über die Grenzen hinaus zu einem Markenzeichen Kärntens geworden – vielleicht zu seinem ehrlichsten.

Und auch zahlreiche Kärntnerinnen und Kärntner sind über ihre Heimat hinausgewachsen – dieses Land ist zum Nährboden einer reichen Kunst- und Literaturszene geworden. Ihnen allen hier gerecht zu werden – ja sie nur aufzuzählen – würde den Rahmen dieser Betrachtungen über Kärnten sprengen. So muß es bei einem kursorischen Streifzug bleiben, Blitzlichtern auf die Gestalter einer festlichen Vernissage.

Da steht, unvergessen, *Markus Pernhart,* der naiv-realistische Landschaftsmaler des 19. Jahrhunderts; sein Großglockner ist märchenhaft überhöht und weit schwindelerregender als der wirkliche. Daneben drei Große aus der ersten Hälfte unseres Jahrhunderts: *Arnold Clementschitsch,* dem in pointierten Farben verspielte Impressionen gelangen, *Herbert Boeckl,* ein kraftvoller Titan. Als Künstler lag er stets im Kampf mit sich selber; als Lehrer hat er eine ganze Generation von österreichischen Malern geprägt. *Franz Wiegele,* der auf seine Weise in zauberhaften Portraits den Expressionismus seiner Zeit bekämpfte. Er holte *Anton Kolig* und *Anton Mahringer* nach Nötsch und machte sie zu Wahlkärntnern. Andere Zuwanderer sind *Werner Berg,* der die Farben und Formen seiner Unterkärntner Wahlheimat auf das Wesentliche brachte, und *Giselbert Hoke,* ein Künstler der abstrakten Form, dessen Fresken im Hauptbahnhof von Klagenfurt vor über dreißig Jahren die Wogen der Empörung hochgehen ließen.

Nur noch als Sommergäste in ihrer Heimat zu Hause sind *Maria Lassnig* mit ihren „body-awareness"-Bildern und *Kiki Kogelnik;* beide haben Amerika erobert.

Aber der österreichische Künstler in den USA schlechthin ist *Arnulf Rainer,* der vom phantastischen Realismus zu Photoübermalungen kam. Dazu eine breite Palette von Künstlern wie *Hans Staudacher* mit seinen gemalten Aphorismen, *Wolfgang Hollegha,* der seine Abstraktionen bereits in der Natur vorfindet, *Peter Krawagna* und seine verfremdeten Alltagsgegenstände, *Günther Domenig,* der Architekt, *Valentin Oman* und seine beinahe filmische Grafik – sie alle vielfach gebrochen in den kunstvollen Gläsern des Spiegelkünstlers *Arnulf Komposch* in Klagenfurt.

Ebenso reich ist das literarische Schaffen in Kärnten. Man denke an *Robert Musil,* gebürtiger Klagenfurter und Kosmopolit, der Mann ohne eigentlich „kärntnerische Eigenschaften", seit frühesten Jahren Vorbild für *Ingeborg Bachmann.* Auf der einen Seite Weltgeist, der den „guten Gott von Manhattan" beschwört, reflektiert sie andererseits immer wieder ihre „Jugend in einer österreichischen Stadt". Ihre Romane, Hörspiele und vor allem ihre Lyrik haben Weltgeltung erlangt.

Expressionistisch bildhaft in ihrer Poesie ist *Christine Lavant,* von vielen als legitime Nachfolgerin von Rilke und Trakl empfunden. Die vielschichtige Formelhaftigkeit des Auswanderers *Peter Handke* ist ebenso aus Kärnten entsprungen wie die dramatische sozialkritische Wucht eines *Peter Turrini,* mit der er Scheinheiligkeit und Grausamkeiten des Alltagslebens bloßlegt.

Sozialkritisch und politisch ist auch die Lyrik von *Michael Guttenbrunner.* Die Romane, Hörspiele und Erzählungen eines *Gert Jonke* sind suggestive, geistige Abenteuer, welche Geometrie und Musiktheorie in die Literatur tragen. *Josef Winklers* Hauptanliegen in der Romantrilogie „Das wilde Kärnten" ist die Zeichnung von Unterdrückungsmechanismen und Machtstrukturen, an denen junge Menschen zerbrechen können.
Bernhard Bünker verwendet die Poesie der Mundart, um auf die Zerbrechlichkeit der Kärntner Heimatnatur hinzuweisen, seine Gedichte warnen vor Verbetonierung und Ausverkauf im Tourismus. *Florjan Lipus,* der Romancier, und *Gustav Janus,* der Lyriker, gehören der slowenischen Volksgruppe an; ihrer beider Übersetzer ist Peter Handke – das Miteinander in der Kunst ist offenbar geglückt.
Dasselbe Miteinander kommt auch in den zahlreichen Festveranstaltungen zum Ausdruck: Von den Laienspielen in Friesach, den Spielen im Schloß Porcia und vor allem den Musikwochen des „Carinthischen Sommers" in Ossiach bis zu den überschäumenden Sommerfesten des Veldener Faschings und des Villacher Kirchtags.

Kärnten – das Land im Süden. Viel wurde darüber geschrieben, Kluges genauso wie Gemeinplätze, Berechtigtes genauso wie Vorurteile; nur nichts Endgültiges, denn das wird es nie geben. Zu unterschiedlich sind die Weltbilder und auch die Kärntenbilder: Ein Künstler, ein Literat sieht es natürlich anders als ein Apriacher Bergbauer im oberen Mölltal. Wer recht hat, ist unwichtig. Was zählt, ist die Ehrlichkeit. Jeder Blickwinkel und jede Einstellung sind subjektiv. Und so sind es auch die Bilder.

Mag sein, daß viele dieser Bilder in unserer schnellebigen Zeit gefährdet oder sogar überholt sind. Und darum steht hinter der Liebe zu Land und Landschaft – vielleicht unsichtbar zwischen Zeilen und Bildern – eine leise Sorge um sie.

FRÄULEIN ANNA v. DREER zu THURNHUB
entschlief in Ihrem 89. Lebensjahre
am 2. Mai 1852 selig im Herrn.
Ihre menschenfreundlichen Tugenden folgen Ihr nach
Denn Wahrlich sage ich euch was ihr einem,
meiner geringsten Brüder thut, habt ihr mir gethan.
Herr gieb Ihr die ewige Ruhe
Anna

2

3 · 4

TI·CLAVD
TERTIVS
ET·POMPON
PROCVLA

13  14

22 · 23

25 · 26

SEEHOTEL WERZER ASTOR
Rainer's
Rainer's
Rainer's
Bitte ein Bit

31 · 32

Sveta Marija prosi za nas!

PENSION
FRÜHSTÜCKSPENSION
IN WERTSCHACH
GASTHOF
WERTSCHACH TEL 04254/225
TANK STELLE u.
DIENST
NÖTSCH
BP
NÖTSCH
Folklore-Abend
Mitwirkende:
Folklore-Ensemble EÖTVÖS
der Universität BUDAPEST
Beginn: 20.00 Uhr
90 Jahre Frei
Einweihung
Fahnen Weihe
KAMERADSCHAFT
Ab 25. Juni 1986
NZ BEI
ENLICHT
(max. 6 Schüler)
alle Schultypen u. -stufen
Villach
Anfragen täglich 8 - 10.00
32 96 32
VEREIN FÜR
LERNHILFE
BURSCHENSCHAFT TRATTEN
AUF ZUM
TRATTNER KIRCHTAG
IM FESTZELT
PROGRAMM
SONNTAG, 27. JULI 1986
„ALPENLAND MATSCHIEDL"
„STIFT GRIFFENER BUAM"
MONTAG, 28. JULI 1986
„JAGA BUAM"
Auf Ihren Besuch freut sich die Burschenschaft
Ernstl's Pizzeria
KONSUM
HERMAGOR

BILDLEGENDEN
1–41

1 „Leitfossil" für Kärnten als Reiseland ist der Römerweg bei Warmbad Villach. Hier sind 2000 Jahre Verkehr in den Fels gegraben. Salz, Gold und Eisen waren da ebenso unterwegs wie Glaube, Kunst und Kultur. Mehr noch: Der Römerweg ist Sinnbild für eine Zeit, da die Straße noch im Einklang mit Natur und Landschaft verlief, und damit ein Gegenstück zu den Transitwegen unserer Tage.

2 Am Rand des Zollfeldes liegt die Wallfahrtskirche Maria Saal. Selten findet man eine ähnliche Fülle von Kunstschätzen verschiedenster Epochen in einer Kirche zusammengetragen. Die Skala reicht von Römersteinen über gotische Schnitzaltäre bis zu Fresken des Expressionisten Herbert Boeckl.
An der südlichen Außenwand der Kirche ist neben Grabsteinen von Priestern und Adeligen das berühmte Relief eines römischen Reisewagens eingelassen: Der Lenker trägt die keltische Tracht, sein typischer Kapuzenmantel läßt auch die Interpretation zu, daß die Fahrt mit dem Kapuzengott – dem „Genius Cucculatus" – ins Totenreich geht.

3 Der Jüngling vom Magdalensberg gilt als eines der bedeutendsten antiken Kunstwerke im Alpenland. Im Jahr 1502 wurde die Bronzestatue von einem Bauern beim Pflügen auf dem Magdalensberg zutage gehoben. Stilistisch finden sich Anklänge an die Schule des griechischen Bildhauers Polyklet (um 450 v. Chr.). Sie ist jedoch die Renaissance-Kopie nach einem römischen Original, das verlorenging. Es wurde von zwei römischen Freigelassenen als Weihegabe für den Gipfeltempel der Noriker gestiftet. Ihre Namen, in den rechten Oberschenkel des Jünglings graviert, wurden getreulich mitkopiert, was die Wissenschaft lange Zeit in die Irre geführt hat. Der Originalfund steht im Kunsthistorischen Museum in Wien, dem am Magdalensberg ist nur ein Abguß geblieben.

4 Johann Dominicus Prunner, Amtsschreiber, Hobbyarchäologe und Sammler antiker Münzen, errichtete 1692 ein antikes „Open-air-Museum": Als Material verwendete er die zahlreichen, von ihm ausgegrabenen keltischen und römischen Steine. Fast alle sind Grabdenkmäler von Veteranen und Legionären. Prunner war nicht nur ein sehr interessierter, sondern auch ein diplomatischer Mann, der es verstand, Problemen mit einer vielleicht intoleranten Obrigkeit aus dem Wege zu gehen: Er verbaute die heidnischen Steine in einer christlichen Kapelle und widmete sie dem hl. Antonius. So entstand das „Prunnerkreuz" am Zollfeld bei Tanzenberg. Unter dem Weizenfeld liegt historisch Hochkarätiges: die norisch-römische Provinzhauptstadt Virunum, deren Entdeckung auch auf Prunner zurückgeht. Geheimnisvolle Geschichten von den verborgenen Reichtümern einer Stadt namens „Sala" trieben Prunner auf Schatzsuche: Was er fand, war Virunum.
100 Jahre später wühlten Soldaten der Erzherzogin Marianne in den Feldern; sie verteilte die Kunststücke großzügig als Geschenke. Erst im 19. Jahrhundert begannen planmäßige Ausgrabungen. Diesmal wanderten die Funde, darunter auch der berühmte Mosaikboden des Dionysos, ins Klagenfurter Landesmuseum. Die Grundmauern der Stadt wurden aus Geldmangel wieder zugeschüttet und schlafen seither unter der Ackerkrume.

5 Vom Ulrichsberg überblickt man das Zollfeld, die Keimzelle Kärntens. Hier lagen die keltoromanische Metropole Virunum und eine karolingische Pfalz, hier stehen zwei alte Rechtsdenkmäler: der Fürstenstein in Karnburg und der Herzogsstuhl bei Maria Saal. Sie sind Symbole für den einzigartigen volksnahen Rechtsbrauch, durch den im mittelalterlichen Kärnten Herzöge eingesetzt wurden: Auf dem Fürstenstein, der umgestülpten Basis einer römischen Säule, wurde dem Herzog nach ritueller Befragung sein Amt von einem Bauern übergeben, vom Herzogsstuhl aus hielt er Gericht und verteilte die Lehen. Erst unter den absolutistischen Fürsten der Neuzeit verlor das Zollfeld seine Bedeutung, da es als Symbol der demokratischen Herkunft adliger Macht suspekt wurde. Fürs Volk blieb es terra sacra.

6 Von der ursprünglichen karolingischen und romanischen Kirche von Maria Saal ist heute nichts mehr erhalten. Der spätgotische Bau wurde im 15. Jahrhundert mit Kapellen und Nebengebäuden zu einer dominierenden Wehrkirche zusammengefaßt. In dieser unruhigen Zeit reichten die Burgen und Festungen nicht aus, die Bevölkerung vor Türken und Ungarn zu schützen. Man baute die gotischen Kirchen so aus, daß sie nicht nur Bollwerke des Glaubens, sondern auch strategisch bedeutende Anlagen waren.

Maria Saal wurde 1480 von den Ungarn vergeblich belagert. Erst 1669 wurde die Kirche bei einem Großbrand schwer beschädigt. Bei der Renovierung erhielten die Türme ihre Zwiebelhelme. Seit 1688 hängt hier die größte Glocke Kärntens.

Die „Maria Saalerin“, von Matthias Landmann gegossen, fand ihren Platz im Kärntner Lied. Viele kennen die Textstelle vom „Maria Saaler Geläut“, das man bis St. Veit, oft bis Klagenfurt hören soll . . .

7 Die aus dem Zollfeld aufsteigenden Berge sind mit verschiedensten Mythen und Riten verknüpft. Schon die Kelten hielten sie als Sitz von Gottheiten für heilig. Hier auf dem Ulrichsberg stand der Tempel der Noreia-Isis und des Gottes Casuontanus. In der Spätantike errichtete man an dieser Stelle ein befestigtes Bergdorf mit einer frühchristlichen Kirche. Im Jahre 983 wird der Ulrichsberg als mons carantanus schriftlich erwähnt. Heute findet man auf seiner Kuppe die Ruine einer gotischen Kirche, die seit dem Ende des 18. Jahrhunderts verfiel und 1897 bei einem Brand weitgehend zerstört wurde. Nach dem Krieg entstand hier eine Landesgedenkstätte für die Opfer der Weltkriege. Im Herbst treffen einander alljährlich ehemalige Soldaten aus verschiedenen Ländern, um ihrer gefallenen Kameraden und aller Opfer der Kriege zu gedenken.

8 Am Dreinagelfreitag, dem 2. Freitag nach Ostern, findet im Zollfeld der Vierbergelauf statt. Um Mitternacht beginnt die Wallfahrt auf dem Magdalensberg und führt auf die Gipfel von Ulrichs-, Veits- und Lorenziberg. Auf jedem Berg wird eine Messe gelesen, Geld und Korn geopfert und Saatgut geweiht; die Wallfahrer brechen auf jedem Gipfel Zweige, die dann den Hut zieren: erst Wacholder, dann Efeu, danach Fichte und schließlich, auf dem Lorenziberg, Buchsbaum. Die Wurzeln dieses christlichen Brauches sind heidnisch-archaisch: Den Lauf der Sonne imitierend, wollen die Bauern das schlummernde Korn aufwecken und zum Wachstum anregen.
Eine erste urkundliche Erwähnung findet der Vierbergelauf bereits 1612 in den „Annales Carinthiae“. Im frühen 19. Jahrhundert nahmen bis zu 5000 Menschen daran teil, in den dreißiger Jahren unseres Jahrhunderts waren es ein paar Dutzend. Heute, im Zeichen einer Renaissance der Volkskultur, steigt die Teilnehmerzahl wieder an: Hektische Zeiten geben der Wallfahrt offenbar wieder neuen Sinn.

9 Wie einst bei der alten „Bauernjausn“ stärkt man sich heute im Kärntner Landgasthaus Bodenbauer mit einer „Brettljausn“ aus Speck, Hauswürstln, „Verhackertem“ und „gelundenem Kas“. Mit einem Krug Most im Garten kommt man zum gemütlichen Teil einer Bergtour: Über die Tische hinweg wird geplaudert und erzählt, eben „gratscht“, oder es werden wichtige Probleme besprochen – man „dischkuriert“. Der Most kühlt die Kehlen und erhitzt die Gemüter, ernsthafter Streit entsteht normalerweise nicht, denn wenn man beim Reden nicht zusammenkommt, versucht man es nach Kärntner Brauch mit dem Singen.

10 Das Granitztal im Südosten des Landes bildet mit dem benachbarten Lavanttal den „Obstgarten“ Kärntens. Neben dem Tafelobst wachsen hier von alters her Mostäpfel und -birnen. In den letzten Jahren hat sich der Most die Tische zurückerobert. Der neuzeitliche Gaumen hat den Reiz der natursauren und naturtrüben Getränke wiederentdeckt; sie werden besser vergoren und geschickter vermarktet. Engagierte Jungbauern versuchen sogar, den vergessenen Weinbau wieder anzukurbeln und mit modernen Kellereitechniken trinkbare Resultate zu erzielen. So wird man in absehbarer Zeit nicht nur den Granitztaler Most zur Kärntner Jause, sondern auch einen Lavanttaler Weißwein zum Fisch aus den heimischen Seen genießen können.

11 In den Karawanken liegt ein Bauernhof auf dem Schaidasattel, der Zellpfarre mit Eisenkappel, der südlichsten Gemeinde Kärntens, verbindet. Hier beginnt einer der Anstiege auf den Hochobir, einen über 2000 m hohen bekannten Gipfel der Ostkarawanken.

12 Ein Teil des Lavanttaler Höhenweges führt entlang des Hauptkammes der Saualpe vom Klippitztörl über die Wolfsberger Hütte nach Diex: Es ist eine der vielen Strecken in Kärnten, auf welchen der Bergradfahrer abseits der Straßen die unberührte Natur erleben und herrliche Ausblicke genießen kann: Die Berge der Steiermark, Jugoslawiens und Italiens beeindrucken ebenso wie der Blick auf die weithin sichtbare mittelalterliche Anlage des Oberen Marktes von Althofen und die Aussicht auf die Burg Hochosterwitz.

13 Der Gelbe Mohn (Gelber Alpenmohn, Papaver Kerneri) blüht im Juli und August in den ausgedehnten Kalkschutthalden der Karawanken. Er kommt nur hier und in den Julischen Alpen vor; weiter westlich vertritt ihn der sehr ähnlich aussehende Rhätische Mohn (Papaver rhaeticum).

14 Das Bodental ist unbestritten ein landschaftliches Kleinod in den Karawanken. Sein Talschluß unmittelbar am Fuß der über 2000 m hohen Vertatscha ist eine Almwiese, deren überwältigender Blütenreichtum im Frühsommer ihr den Namen „Märchenwiese" eingetragen hat. Es ist ein unwirklicher Ort: von dichtem Fichtenwald umgeben und in reizvollem Gegensatz zu der steil aufragenden Felswand des Berges, die eine natürliche Grenze zum benachbarten Slowenien bildet.

15 Zwischen den Orten Lendorf und Bichl liegt auf einem kleinen Hügel die Filialkirche von Maria Bichl. Dieser gotische Bau mit seinem barocken Zwiebelhelm weist – wie die meisten der Kärntner Kirchen – beachtliche Kunstschätze auf. Kirche und Landschaft fügen sich zu einem reizvoll harmonischen Gesamtbild, das Ruhe und Beschaulichkeit ausstrahlt. Namentlich die Sommergewitter bringen die warmen, intensiven Farben zum Strahlen.

16 Ein später Frosteinbruch bedroht die Kirschblüte in St. Sebastian zu Füßen der Burg Hochosterwitz. Die reizende Hügellandschaft des Krappfeldes ist berühmt für ihre Baumblüte, die im Frühling bunte Farbtupfen setzt und beinahe an die Toskana erinnert. Doch sie schwebt – wie alle Beckenlagen – stets in Gefahr, bei Frosteinbrüchen von einem Kaltluftsee erfüllt zu werden, der nur schwer abfließen kann. Erfrorene Blüten, hungernde Bienen und eine mißglückte Ernte sind die leidigen Folgen.

17 Der 1800 m über das Drautal hinausragende Hochobir wurde wegen seiner reichen Bleivorkommen schon im letzten Jahrhundert der meistbestiegene Berg der Karawanken. Die bekanntesten Anstiege führen vom Wildensteiner Wasserfall, vom Schaidasattel oder von der Eisenkappeler Hütte auf den mit 2139 m vierthöchsten Karawankengipfel. Bei klarem Wetter bietet er einen der faszinierendsten Rundblicke über ganz Kärnten.
Beginnend am linken Bildteil erkennt man als markanteste Berge den Harlouz (Ferlacher Horn) und die Bärentaler Kotschna, weiter am Horizont die Julischen Alpen. Daneben im westlichen Teil der Karawanken der Mittagskogel, daran anschließend die Karnischen Alpen, die Lienzer Dolomiten, die Schobergruppe, der Großglockner, die Hohen Tauern. Auch öffnet sich eindrucksvoll der Blick auf Drautal, Wörther See und Sattnitz.

18 Blick vom Kosjak auf die Vertatscha und Koschuta. Als Wetter- und Wasserscheide zwischen Drau und Save bildeten die Karawanken zu jeder Zeit eine natürliche Grenze.
Im Dunkel liegt die Herkunft ihres Namens, die Ableitung vom slowenischen „karwanka", d. h. die „Hirschkuh", ist nicht unumstritten geblieben. Ihre Hänge und Täler waren bereits in der Steinzeit besiedelt, wie Funde in der Uschowa zeigen. Heute sind die Karawanken mit ihren im Zweiten Weltkrieg zerstörten und nachher zum Großteil wieder aufgebauten Schutzhütten ein Wanderland par excellence; sowohl auf Kärntner wie auf slowenischer Seite bieten sich Bergwanderern und Extremkletterern einzigartige Stimmungen und Ausblicke.

19 Der Kosjak (2016 m) ist neben dem Hochstuhl und der Bielschitza der Hausberg der Klagenfurter Hütte.

20 Über die Vertikale zu geschichtsträchtigem Boden: Der Kanzianiberg am Faaker See ist seit 4000 Jahren nachweislich von Menschen besiedelt. Heute dienen seine Kalkfelsen als Klettergarten, Trainingsplatz für Bergsteiger und Sportkletterer. Neben einer Kletterschule mit Kletterführungen bereiten sich hier Bergrettungsmänner aus ganz Kärnten auf ihre gefährlichen und lebensrettenden Einsätze vor.

21 Noch liegt sommerlicher Morgennebel über dem schlafenden Dorf Faak am See. So entsteht ein Bild, wie es sich zu Zeiten Markus Pernharts bot. Die kleine Kirche im Blickpunkt ist gotisch entsprechend der vorherrschenden Bauform, vom Grundriß bis zur farblichen Gestaltung der Außenfassade ähnlich ihren vielen Schwestern landauf und landab. Nur im Detail zeigen sich die Unterschiede.

22 Wer von Burgen spricht, verbindet damit den Gedanken an eine Ritterburg auf einem steilen Felsen, die bei Gefahr Schutz zu bieten vermochte. Dieser märchenhaften Vorstellung kommt die heutige Ruine der Burg Altfinkenstein eigentlich sehr nahe, wenn sie sich im Morgengrauen aus dem Nebel über dem Faaker See erhebt.

Die Burgruine liegt südlich des Faaker Sees auf einem steilen Felsen unter dem Mallestiger Mittagskogel. Sie ist wie Hochosterwitz ein typisches Beispiel für eine Felsenburg aus dem 12. Jahrhundert. Urkundlich erstmals 1142 erwähnt, war sie zunächst Bambergischer, dann landesfürstlicher Besitz. Kaiser Maximilian übergab Finkenstein 1508 einem Dietrichsteiner. Noch 1768 fanden in der Burgkapelle Gottesdienste statt.
In den letzten Jahren wurde die Ruine mit viel Stilgefühl revitalisiert. Es gehört zu den Höhepunkten eines Kärntner Sommers, nach einem herrlichen Badetag eine Kulturveranstaltung von klassischer Musik bis zu gehobener Unterhaltung im einzigartigen Ambiente der Burgarena zu erleben.

23 Der Klopeiner See ist ein idealer Badesee, mit sommerlichen Temperaturen von 28° C auch einer der wärmsten von den rund 200 Kärntner Seen. Er ist bis zu 20 m tief. St. Kanzian, der Hauptort an seinem Ufer, hatte einst die Aura eines Wallfahrtsortes; heute pilgern Tausende von Feriengästen hierher. Gemeinsam mit seinen kleinen Nachbarseen Turner-, Klein- und Gösselsdorfer See ist der Klopeiner See das Touristenzentrum südlich der Drau – ein Vier-Seen-Winkel im Südosten Österreichs. Trotz ausuferndem Camping-Tourismus hat man sich hier sogar ein Naturschutzgebiet abgerungen: den Streifen über die Sablatnigwiesen bis hin zum Gösselsdorfer See, den es miteinschließt.

24 Maria Wörth gab dem größten Kärntner See seinen Namen. Bis 1770, als die Glanfurt reguliert wurde und der Wasserspiegel sank, war es eine Insel (Werder = Insel).
Eine beliebte Wallfahrts-, Hochzeits- und Taufkirche ist die gotische Pfarr- und ehemalige Stiftskirche zu den Heiligen Primus und Felician. Dahinter sieht man den barocken Zwiebelhelm der Winterkirche, auch Rosenkranzkirche genannt.

25 Die Lage an der Südseite des Alpenhauptkammes begünstigt Wetter und Klima in Kärnten. Die Zahl der Sonnentage ist weit höher als an der Alpennordseite, die Niederschläge sind konzentrierter. Nach einem hochsommerlichen Badetag kann es zu beachtlichen Abendgewittern kommen mit Blitzen, die sich an den umgebenden Randbergen entladen. Ein elementares Schauspiel!

26 Behutsame Begegnung auf schwimmendem Badesteg mit der Idylle des Pressegger Sees. Nur noch die ausgedehnte Schilffläche läßt die ursprünglich mehr als doppelt so große Fläche des Sees erahnen. Seine Tiefe beträgt im Durchschnitt 4–6 m, nur an einer Stelle mißt man 14 m. Der Vellabach und vor allem Quellen, die am Seegrund münden (Wässer, die auf die Grundmoränenschicht treffen und hier austreten), speisen den See mit viel Sauerstoff und sorgen für eine gute Durchmischung.

Die Niedermoore stehen unter Landschaftsschutz, sie sind ein Dorado für Ornithologen. Bei der Jenull-Seehütte tummeln sich unter prachtvollen Seerosenblättern kapitale Karpfen. Die grazilen Haubentaucher und, nach einer Krebspest am Ende des vorigen Jahrhunderts, auch wieder einige Edelkrebse bieten aufregende Möglichkeiten für Tierbeobachtungen.

27 Eine kreisrunde Wasserfläche unter dem Trapez des Mittagskogels, im Westen die Karnischen Alpen und der Dobratsch, unweit von Kärntens Drehscheibe Villach gelegen – das ist der Faaker See.
Unter den kriegerischen Finkensteinern erlebte er stürmische Zeiten: Im Machtkampf zwischen den Bamberger Bischöfen (denen das Gebiet gehörte) und dem Kärntner Landesfürsten ergriffen die Finkensteiner mit Raubrittermethoden Partei für Kärnten.
Heute ist der See wieder hin- und hergerissen und offenbart ein typisches Kärntner Dilemma: drei große Uferbereiche sind naturgeschützte Moore; doch die verbleibenden Pforten lassen einem Tourismus Raum, der den See bis an die Grenzen belastet.

28 Hotel Schloß Seefels in Pörtschach am Wörther See auf venezianisch: In allen Kleinigkeiten, die das Leben erst lebenswert machen, haben sich die Kärntner bislang an ihren norditalienischen Nachbarn orientiert.

Mit Staunen stellt man in den letzten Jahren fest: Nun weht der Freizeitwind in die Gegenrichtung! Die Italiener, Experten des „Savoir vivre“, entdeckten Kärnten als sympathisches Urlaubsland. Als Symbol der Begegnung leuchten nun die Kärntner Farben von venezianischen Bricole.

29 Der Neubau des Casinos Velden soll durch seine „Erlebnis-Architektur“ neue Maßstäbe für die Wörther-See-Region setzen. Die auffällige Dachkonstruktion endet in drei Glasspitzen, sie symbolisieren die drei Kulturkreise, an deren Schnittpunkt Kärnten liegt. Ebenso dreifach die Verknüpfung von Unterhaltung, Kongreßveranstaltungen und Gastronomie.

30 Die Jugend der sechziger Jahre und ihre Sprößlinge gehen wieder auf die Straße – genauer gesagt: Man versammelt sich auf dem Monte-Carlo-Platz in Pörtschach. Die Gespräche kreisen aber nicht mehr um das Establishment, schon eher um die Ingredienzien eines neuen Sommerdrinks oder die Uniformierungsprobleme des letzten, fashionablen Modestils. Man zeigt wieder, was man hat, und relaxiert im mediterranen, sinnbetörenden Wörther-See-Ambiente. Unbeschwert, unbekümmert, genießerisch und heiter zelebriert ein internationales Völkchen den „Zeitgeist“.

31 Der abblätternde Glanz des k. u. k. Kurortes benötigte dringend eine Politur. Der Veldener Sommerkarneval etablierte sich in der kurzen Zeit seines Bestehens als „Highlight“ unter den zahlreichen Festen, die Kärnten jedes Jahr feiert. Die Zahl der Besucher und die Qualität der Auftritte geben dem Fest eine geradezu europäische Dimension.

32 Von der Gerlitzen sieht man an einem klaren Sommerabend im Mondschein auf den Wörther See mit Klagenfurt am Ost- und Velden am Westufer. Im Hintergrund die Karawanken und, die Koschuta überragend, die Steiner Alpen, die Grenze des alten Herzogtums Kärnten.

33 Die Pfarrkirche Maria Gail ist wahrscheinlich die Urpfarre von Villach. Die langobardische Gründung, dem Patriarchat Aquileia unterstellt, wurde am Ende des Mittelalters durch Türkeneinfälle und Erdbeben beschädigt. 1606 erfolgte der Wiederaufbau in der heutigen Form. Neben anderen Kunstschätzen findet sich an der nördlichen Langhauswand ein spätgotischer Flügelaltar; ob er der St. Veiter oder Friesacher Schule entstammt oder ein Werk Meister Heinrichs von Villach ist, wird noch von Experten diskutiert. Im vorigen Jahrhundert wurde die Hauptgruppe des Altars, die Krönung Marias, in den barocken Hochaltar eingebaut, der Rest drohte zu verrotten. Das Gesprenge fiel dieser Zeit zum Opfer. Seit 1904 steht der Altar am heutigen Ort. Die vielen Kerzen zeugen von der tief verwurzelten Religiosität der Menschen dieser Region, die slowenische Aufschrift auf dem Altartuch ist Zeichen uralter Zweisprachigkeit.

34 Die Schneerose ist eine typische Frühlingsblume der Südkärntner Täler. Vor allem im Gail- und Rosental ist sie zu Hause. Als erste Frühlingsbotin erfreute sie sich bei der Bevölkerung solcher Beliebtheit, daß ihr Bestand akut gefährdet war. Nur strenge Schutzmaßnahmen konnten sie erhalten. Aber für ein besonderes Fest, wie es eine Kärntner Hochzeit (hier in Kühweg) ist, wird die Schneerose als Kirchenschmuck verwendet.

35 Kennzeichnend für die vielfältigen, in jeder Talschaft typischen Trachten ist auch der Einfluß benachbarter Volksgruppen. Am reinsten und deutlichsten sieht man das an der Untergailtaler Frauentracht: Neben slowenischen und friulanischen Elementen findet man bajuwarische Einflüsse und sogar alpenkeltische Relikte. Von all dem historischen Ballast scheinen die Mädchen nicht belastet zu sein. Voll natürlicher Selbstverständlichkeit tragen sie am Kirchtag ihre Festtagstracht und setzen so die Tradition der bodenständigen Kleidung auch heute noch fort.

Nötsch im Gailtal erlangte durch Franz Wiegele und Sebastian Isepp Bedeutung in der österreichischen Malerei. Wiegele brachte den Sudetendeutschen Anton Kolig in sein Heimatdorf, später siedelte sich auch dessen Schüler Anton Mahringer hier an. Die Künstler, die unterschiedliche Stilrichtungen und Maltechniken verfolgten, sind als sogenannter „Nötscher Kreis“ bekannt geworden.

36 Obwohl Klagenfurt seit 1252 das Stadtrecht besitzt, stand die Stadt bis ins 16. Jahrhundert ganz im Schatten von St. Veit. Der Aufschwung begann mit der Schenkung der von einer Feuersbrunst zerstörten Stadt an die Landstände. Dieser in der deutschen Verfassungsgeschichte einzigartige Status sowie die

Ausbreitung des Protestantismus festigten den Rang der Stadt als Landesmetropole. Der selbstbewußte Adel baute Palais mit schönen Innenhöfen, die heute – renoviert und revitalisiert – mit zum Charme der Stadt beitragen.

37 Eine Bäuerin verkauft am Bauernmarkt auf dem Klagenfurter Benediktinerplatz frische Kamillenblüten, Grundlage für viele Hausmittel und Heiltees.

38 Im Wettstreit mit den Supermärkten hat der Marktplatz nie seine Anziehungskraft verloren; nun aber, bestärkt durch das gestiegene Gesundheitsbewußtsein unserer Zeit, erlebt der Bauernmarkt auf dem Benediktinerplatz von Klagenfurt einen neuen Aufschwung. „Zurück zur Natur" heißt auch: Zurück zu Naturprodukten.

In der Umgebung der Landeshauptstadt biologisch angebaut, werden solche zweimal in der Woche am frühen Morgen den Hausfrauen und Haubenköchen angeboten. Dazu kommt Gesammeltes wie in alten Zeiten: „Klauberinnen" und „Kräuterweibeln" bringen je nach Jahreszeit Spezialitäten aus dem Wald wie Eierschwammerln, Steinpilze und Waldbeeren.
Im Einheitsmenü der Supermärkte längst vergessene Getreidesorten kommen wieder zu Ehren, ebenso wie Öle, verschiedene Honigarten und Heilkräuter, im Sommer frisch, im Winter getrocknet. All das und noch viel mehr findet man auf so einem Kärntner Bauernmarkt.

39 · 40 Das Herz des Klagenfurter Landhauses ist der Große Wappensaal mit den 665 Wappen der Kärntner Landstände. Vom Spätmittelalter bis zum Absolutismus teilte der Landesfürst die Macht im Staate mit den Landständen, die Bauern waren theoretisch durch ihre Grundherren, praktisch also nicht vertreten.
Nur ein Gemälde über dem nordseitigen Kamin des Wappensaals setzt den Bauern in sein ursprünglich demokratisches Recht: Das Bild von der Herzogseinsetzung auf dem Fürstenstein in Karnburg, der Zeit entsprechend stilisiert, stammt von Josef Ferdinand Fromiller, dem bedeutendsten Barockmaler Kärntens. Er malte auch das Deckenfresko, die Huldigung Karls VI. durch die Kärntner Landstände und überzeichnete deren Machtfülle kräftig, wohl um ihrem Wunschdenken zu entsprechen.

41 Auf dem Neuen Platz in Klagenfurt herrscht der Lindwurm aus Stein. Der Sage nach war die Gründung der Stadt erst möglich, nachdem das Untier im Sumpfgebiet zwischen Glan und Sattnitz getötet war. Seit dem 13. Jahrhundert führt Klagenfurt den Lindwurm im Wappen. Im Zuge eines großen Stadtumbaus gaben die Landstände dem Bildhauer Ulrich Vogelsang 1582 den Auftrag zur Errichtung eines Lindwurmdenkmals. Das Ungeheuer sollte aus einem einzigen Chloritschieferblock vom Kreuzbergl gehauen werden, wurde schließlich von Vogelsangs Bruder Andreas vollendet und 1593 aufgestellt. Der drachentötende Herkules kam erst im Jahre 1636 dazu.
Der „Linte" ist weniger ein furchterregendes als skurriles, aber gerade deswegen lieb gewordenes Wahrzeichen der Landeshauptstadt.

49 · 50

51

52

53

63 · 64

71 · 72

73 · 74

75 · 76

77 · 78

BILDLEGENDEN
42–80

42 Der Möll- und Liesergletscher schürfte mit 141 m das tiefste Becken für den wasserreichsten Kärntner See, den Millstätter See.
Von der Steinzeit an besiedelt, durch alle Kulturepochen bereichert, wurde der See schon im 19. Jahrhundert von ersten Touristen entdeckt. Die drei Klimazonen – am Seeufer, auf der Obermillstätter Terrasse und den anschließenden Almregionen – boten sich von jeher für einen erholsamen Urlaub an. Die Bauern haben das umliegende Wald- und Bergland kultiviert, und aus einer alten Landwirtschaft auf der Sonnenterrasse wurde Österreichs bedeutendstes Biohotel, in dem vom Baumaterial bis zum Bettzeug wirklich alles „biologisch" ist.

43 Obwohl die Kärntner im Winter an die Eisflächen ihrer Seen gewöhnt sind, bedeutet Spiegeleis (hier auf dem Ossiacher See) selbst für sie eine Kostbarkeit. Es entsteht nur bei tiefen Temperaturen mit geringer Luftfeuchtigkeit – Nebel, Rauhreif oder gar Regen zerstören die Pracht schlagartig. Egal ob man mit Friesen oder Eishockeyschuhen voller Genuß über die glasklare, glattpolierte Fläche gleitet: Das Naturwunder wird vollends offenbar, wenn man in die Tiefe blickt und Leben entdeckt, ganze Fischschwärme aufscheucht oder den Grund nach Muscheln und alten Hölzern absucht. Daher sagen viele: Die schönste Eishalle der Welt ist ein zugefrorener See mit dem blauen Kärntner Himmel als Dach überm Kopf.

44 Villach wird bereits 878 als Brückenort genannt, schon 1060 bekommt es das Marktrecht, wird 1240 zur Stadt erhoben und 1348 durch das große Erdbeben zerstört. Im 15. und 16. Jahrhundert kommt es zum großen Aufschwung, Villach wird Zentrum der Künste, Paracelsus verbringt hier seine Kindheit, die Fugger aus Augsburg betreiben von Villach aus Bergwerke und eine Handelsniederlassung. In der Folge muß die Stadt ein zweites Erdbeben im 17. Jahrhundert, den Niedergang des Handelspartners Venedig, die Gegenreformation und die Franzosenkriege verkraften. Seit dem 19. Jahrhundert erlebt die Stadt durch Verkehr und Handel wieder einen neuen Aufschwung.

Und nicht nur das: Die Nähe zum sogenannten „Dreiländereck", wo Friaul, Slowenien und Kärnten friedlich miteinander leben lernten, bringt Bewegung in die Kultur- und Seelenlandschaft der Villacher.
Sieben Täler treffen in Kärntens zweitgrößter Stadt zusammen; was Villach geographisch zustünde, der Rang der Landeshauptstadt, verhinderte die Geschichte. Das ewige Thema „Villach gegen Klagenfurt" findet nicht nur als liebenswürdiges Gespött im Fasching seinen festen Platz, es bereichert auch die österreichische Sportszene mit lang nachhallenden Ereignissen: Die Begegnungen der rivalisierenden Eishockeymannschaften VSV und KAC sind legendäre Feste der Emotionen.
Die Abbildung zeigt die Dreifaltigkeitssäule auf dem Hauptplatz, die 1606 errichtet wurde.

45 Stift Millstatt war eine Gründung der Benediktiner (1091), wurde 1469 Besitz des Georgritterordens, danach übernahmen die Jesuiten den Bau bis zu seiner Säkularisierung 1773.
Jeder Orden druckte dem Bauwerk seinen architektonischen Stempel auf: Das Romanische brachten die Benediktiner, die Gotik die Georgsritter, und das Barocke ist den Jesuiten zu verdanken. Bestes Beispiel ist die Stiftskirche: Eine romanische Pfeilerbasilika trägt ein gotisches Sternrippengewölbe und ist barock ausgestattet. Der romanische Kreuzgang dient heute als Ausstellungsgelände. Seine Säulenkapitelle und -basen sind einzigartig, besonders das berühmte Doppelsäulchen mit dem Löwenreiter.
Aus der Benediktiner Künstlerwerkstätte ging auch die „Millstätter Genesis" hervor, eine illustrierte Sammelhandschrift aus Bibeltexten, einer Sittenlehre und einem gereimten Lehrbuch der Zoologie. Als ältestes Zeitdokument des damaligen Landlebens gilt sie als das erste Kärntenbuch der Geschichte.

46 Sirnitz liegt im Natur- und Landschaftsschutzgebiet der Nockberge. Der malerische Ort mit der frühgotischen Kirche und dem Karner aus dem 15. Jahrhundert ist Ausgangspunkt für viele Wanderungen zu hoch gelegenen Bauernhöfen, zur tausendjährigen Lärche oder zur Ursulaquelle auf dem Hochrindl.

47 Kärntnerinnen in Bürgerfrauentrachten treffen einander zur Jahreshauptversammlung. Solche wertvollen Trachten mit reichem Schmuck und goldbestickten Patrizierhauben entstanden in den Zentren der frühen Metallindustrie und in den meisten Bezirksstädten. Die aus Seide, Brokat und

Wollstoff gefertigten Festtagsgewänder mit den Goldhauben werden auch bei traditionellen Hochzeiten getragen, durch die man ja bekannterweise „unter die Haube kommt". Die dunklen Farben der Stoffe gehen auf Einflüsse des Protestantismus zurück. Im Zuge der Trachtenerneuerung werden sie neuerdings wieder mit den einstigen bunten Farben durchsetzt.

48 Alljährlich um Fronleichnam prangen im Bärental einige Bergwiesen in märchenhaftem Narzissenflor. Man könnte meinen, Neuschnee sei gefallen. Aber es sind Narzissen ohne Zahl und Ende, sie nicken auf schlanken Stielen im Frühlingsföhn, verströmen berauschende Düfte und betören den Wanderer mit unschuldsweißer Blütenherrlichkeit.

49 Ein berühmter Kärntner Bildstock steht in Egg am Faaker See. Kein anderes Alpenland hat so viele Bildstöcke wie Kärnten, über 1500 sind gezählt worden. Sie gehören zum ältesten Kulturgut des Landes und gehen auf vorchristliche Wegzeichen zurück, die antiken Wegegottheiten gewidmet waren.

Nicht zufällig stehen die meisten Bildstöcke an alten Römerstraßen. Das christliche Kärnten prägte ihnen kurzerhand sein Symbol auf: das Kreuz. Später wurden diese Kreuze zu drei- und mehreckigen Bildstöcken ausgebaut. Nicht nur der Heiligenverehrung, als Mahnmal, Prozessions- oder Totenrast dienten sie, sondern auch als Wegweiser für das leseunkundige Volk: Die Blickrichtung der Bildstockheiligen zeigte, wohin man gehen mußte. In den Bildern aber mischen sich Legenden, menschliche Schicksale, heidnische Überlieferungen mit biblischen Motiven. Bildstöcke sind aus Kärntens Landschaft nicht wegzudenken.

50 Die Bauernhöfe auf dem Zollfeld sind stattliche Anwesen. Hauptsächlich werden Mais für die Viehzucht, aber auch Weizen und Roggen angebaut. Die Architektur des Stadels fällt durch kunstvoll gebaute Ziegelfenster auf, die auch in der Steiermark, im nördlichen Slowenien und in Friaul beweisen, daß die nüchterne Funktion eines Gebäudeelementes nicht dessen Schönheit beeinträchtigen muß. Diese „Stadelgitter" machen eine Durchlüftung von trocken gelagertem Heu und Getreide möglich.
Ursprünglich aus Holz, werden sie seit dem Beginn des 19. Jahrhunderts aus Ziegeln gebaut. Ihre Formen sind angelehnt an die Motive bäuerlicher Möbel.

51 Schloß Porcia gehört zu den schönsten Renaissancebauten Österreichs. Wir verdanken es dem spanischen Grafen Gabriel von Salamanca, Schatzmeister des Landesherren Ferdinand I. und Finanzgenie seiner Zeit, der es 1527 in Auftrag gab. Der Name des Schlosses rührt vom Friulaner Fürstengeschlecht der Porcia, die das Schloß nach dem Aussterben der Salamanca kauften und bis 1918 darin residierten. Hauptattraktion ist der Innenhof mit den für die Renaissance einmaligen ansteigenden Arkaden des Treppenhauses. Das Bauwerk erinnert in seiner architektonischen Ausgewogenheit, in der vollendeten Harmonie zwischen Ästhetik und Funktion, an einen florentinischen Palazzo. Heute ist es Sitz des Bezirksheimatmuseums, glänzende Kulisse für die Komödienspiele Porcia und würdiger Rahmen für musikalische Ereignisse wie z. B. den internationalen Chorwettbewerb für gemischte Chöre.

52 Ein Wahrzeichen Kärntens auf einem 160 m hoch aufragenden Felskegel, eine Burg wie aus dem Bilderbuch ist Hochosterwitz. Manche halten sie sogar für die schönste Burg Mitteleuropas. An ihr zeigt sich ein Phänomen, das leider der Architektur der Vergangenheit angehört: vollendete technische Zweckmäßigkeit ist auch vollendete Schönheit. So, wie die Burg heute aussieht, wurde sie von Georg Fürst Khevenhüller 1571–1586 ausgebaut, gestützt auf die Mitgift zweier reicher Ehefrauen. Er verfügte, „daß die Burg von seiner Familie niemals wegkomme" – und bis heute haben sich die Khevenhüllers daran gehalten. Alle Erfahrungen aus sieben Jahrhunderten Burgenbau sind in Hochosterwitz zusammengefaßt. Mit ihren 14 Toren galt sie als uneinnehmbar; niemand machte auch nur den Versuch, sie zu erobern. (Die sagenhafte erfolglose Belagerung durch Margarete Maultasch muß sich ja vor den Zeiten der Khevenhüller abgespielt haben.) Heute können Touristen auf dem 640 m langen Burgweg, im Burgmuseum und dem Burghof mit seinem Restaurant die Burg jedenfalls bequemer erobern.

53 Weitab vom heutigen Verkehrsstrom, in einem abgelegenen Tal der Gurk, steht die berühmteste romanische Kirche Österreichs – der Dom von Gurk. Seine Gründung wird auf die legendenumwobene Landespatronin Kärntens Hemma zurückgeführt. Nach dem Verlust ihrer ganzen Familie widmete sie ihre Güter der Kirche. Zunächst entstand eine kleine Marienkirche mit Kloster an der Stelle eines keltischen Heiligtums. Bald nach dem Tod Hemmas (1045) wurde ihr Grab Wallfahrtsziel, und rund 100 Jahre danach baute Bischof

Roman I. die Marienkirche zu dem Dom um, den wir heute kennen. Die Stifterin erhielt ihr Grab in der berühmten hundertsäuligen Krypta, der großartigsten des deutschen Sprachraums.
Die äußere Vorhalle des Doms ist in schimmernde Farben getaucht: Das Fresko im Gewölbe zeigt den Sternenhimmel mit dem Lamm Gottes, darunter auf beiden Seiten Wandmalereien, die aus dem Alten und Neuen Testament erzählen. Ein großer unbekannter alpenländischer Maler schuf sie nach dem Vorbild des Italieners Giotto zur Belehrung des gläubigen Volkes.

54 Ebenso bedeutungsvoll wie die Krypta und nur um einige Jahre jünger ist die romanische Bischofskapelle über der Eingangsvorhalle des Gurker Doms. Ihre Fresken sind das herausragendste Werk des sogenannten Zackenstils, erkennbar an der Malweise der Gewandfalten. Die Fresken wurden von Meister Heinrich 1260 gemalt und versuchen, den Geist der mittelalterlichen Theologie für die gebildeten Priester zu illustrieren, bedürfen somit einer philosophisch überhöhten Deutung.

55 1145 wählte der damalige Herzog von Kärnten Hermann von Spanheim St. Veit zu seiner Residenz. Unter Bernhard von Spanheim nahm die Stadt einen steilen Aufstieg: Die herzogliche Münzstätte wurde errichtet, man feierte köngliche Feste, Walther von der Vogelweide war wiederholt zu Gast. Ulrich von Liechtenstein machte hier auf seiner Venusfahrt (in Frauenkleidern!) halt und schlug sich kräftig mit einigen ortsansässigen Rittern.
Bis 1518 blieb St. Veit Landeshauptstadt. Wie selten ein anderer Ort hat es seine Altstadt fast unverändert erhalten. Reste der alten Stadtmauern stehen heute noch, St. Veits Hauptplatz gilt als der schönste Platz Kärntens. Und dort ist das Prunkstück: das Rathaus mit seiner 1754 vom einheimischen Meister Pittner geschaffenen Stuckfassade.
Über dem Kielbogenportal ein Gerichtsspruch aus dem Sachsenspiegel: „ains mans red ein halbe red / man sol sy verhoren bed". („Eines Mannes Aussage ist nur die halbe Wahrheit / man soll alle beide anhören.") Der sgraffitogeschmückte Arkadenhof aus der Renaissance ist im Sommer Schauplatz für Konzerte und Theateraufführungen.
Das bekannteste Fest der ehemaligen Herzogsstadt ist der Wiesenmarkt, der an die vierzehntägige Markt- und Handelsfreiheit erinnert, die Rudolf der Stifter 1362 den St. Veitern zu Michaeli gewährte.

56 Friesach hat trotz vieler Belagerung, Zerstörungen und Brände seinen mittelalterlichen Charakter erhalten, es ist die burgen- bzw. ruinenreichste Stadt des Landes, auf jeden Fall die mit der besterhaltenen Stadtbefestigung und dem einzigen noch wasserführenden Stadtgraben im deutschen Sprachraum. Der mächtigste Bau Friesachs ist die Stadtpfarrkirche St. Barthlmä in der Unterstadt nahe dem Hauptplatz. Der großen Vergangenheit Friesachs begegnet man in den alten Häusern rund um diesen.

Auf dem Petersberg – einst feudaler Sitz der Salzburger Erzbischöfe – stehen die Ruinen der gewaltigen Burganlage Schloß Petersberg. Die karolingische Peterskirche (927) steht über dem steilen Südostabbruch. In der Ruine wurden zwischen 1950 und 1970 die berühmten „Friesacher Burghofspiele" abgehalten, ein Laientheater, bei dem der halbe Ort mitwirkte. Ihr Erbe haben Aufführungen des Reinhardt-Seminars im Dominikanerkloster angetreten. Das pompöseste Schauspiel aber erlebte Friesach zweifellos 1224, als Herzog Leopold VI. von Österreich fast alle Fürsten zwischen Donau und Adria zu einer Versammlung mit großem Turnier einlud. Ulrich von Liechtenstein hat darüber berichtet.

57 Im 15. Jahrhundert entwickelte sich Villach zum Zentrum der Künste. Der berühmteste Schüler der Malschule war Thomas von Villach. Von 1475 bis 1480 schuf er in der St.-Andreas-Kirche in Thörl sein Meisterwerk. Das Gotteshaus mit seinen herrlichen spätgotischen Fresken steht neben der Autobahn, nahe dem Grenzübergang Thörl-Maglern – kaum beachtet vom Urlauberstrom in den Süden . . .

58 In der Stiftskirche von Ossiach wird eine Stunde vor Beginn des Konzertes geprobt. 1969 wurde der Carinthische Sommer ins Leben gerufen, ein Musikfestival von internationalem Rang abseits vom konventionellen Festspielrummel. Von Ende Juni bis Ende August treffen einander hier Künstler von Weltformat zu Aufführungen, die höchsten Ansprüchen gerecht werden. Die restaurierte Barockausstattung der Kirche stammt aus den Jahren 1737–1744 und steht in hartem Kontrast zur kargen Außenfassade, der man ihre romanische Vergangenheit noch ansieht. Stift Ossiach war nämlich das älteste Männerkloster Kärntens, eine Benediktinerabtei, die im Jahre 1782 aufgelöst wurde. Heute sind Kirche und Stift restauriert. Das Stift wird teilweise auch als Hotel genutzt.

59 In den Herbst- und Wintermonaten herrscht im Klagenfurter Becken Temperaturumkehr. Unter der Hochnebeldecke lagert ein Kältesee, auf den Bergen (ab ca. 800 m) ist es sonnig und warm.
Das Bild wurde bei Diex (Saualpe) aufgenommen, von rechts nach links erkennt man die Gerlitzen, die Kirche auf dem Magdalensberg, den Dobratsch und die Julischen Alpen, hinter denen die Sonne untergeht.
In Diex steht eine sehenswerte Wehrkirchenanlage (wie auch in Hochfeistritz, Grafenbach und Pustritz), hinter deren Mauern sich die Bauern gegen die Türkeneinfälle schützten.

60 Östlich von St. Veit an der Glan liegt zwischen Moränenhügeln der Längsee. Mit einer Tiefe von 21 m und einer Fläche von 0,8 km^2 gehört er zu den malerischen kleineren Seen Kärntens, die weitgehend naturbelassen sind. Auf einem Abhang seines Südufers liegt erhöht das ehemalige Benediktinerinnenkloster St. Georgen, die älteste bekannte Klostergründung in Kärnten. Heute dient es als Schule und kirchliche Erwachsenenbildungsstätte, im Sommer auch als Fremdenpension.

61 Segeln ist auf Kärntner Seen ein vergleichsweise gemütliches Abenteuer, denn die Winde sind – mit wenigen Ausnahmen – schwach. Die Ruhe der Elemente verhindert auch eine stärkere Durchmischung des Wassers – die obersten Schichten erwärmen sich erstaunlich schnell.

Im Bild die Lorettobucht des Wörther Sees, wo sein einziger Ausfluß, die Glanfurt, beginnt. Sie trennt auch die Ufer in das romantische Südufer am Fuß der Sattnitz und das breit erschlossene Nordufer – im Schatten der Autobahn.

62 Die Zulassung von Motorbooten ist, wenn nicht verboten, so doch streng reglementiert. Bei den privaten Genehmigungen macht der Wörther See eine Ausnahme.
Durch jährliche Kontrollen des technischen Zustandes der Boote und genaue Wasserverkehrsüberwachung, vor allem aber mit der Disziplin der Freizeitkapitäne lassen sich Probleme um Fischbestand, Wasserqualität und Lärmentwicklung mit den Wünschen des Fremdenverkehrs und mondäner, gesellschaftlicher Ambition auf einen Nenner bringen. Die Wasserski-Show can go on.

63 Golf hat nun auch in Mitteleuropa siegreich seinen Einzug gehalten. In Kärnten kann man dem neuen Lieblingssport vor einer imponierenden Gebirgskulisse huldigen. Der grüne Rasen ist nicht ohne Rücksicht auf den Naturschutz behutsam in die Landschaft gepflanzt worden. Gäste und Einheimische geben sich auf dem Golfplatz von Velden ein Stelldichein, weiches Gras unter den Füßen und bereit, den edlen Wettkampf mit sich selbst aufzunehmen.

64 In der Bergfurche zwischen Drau- und Gailtal leuchtet einem nordischen Fjord ähnlich der zauberhafte Weißensee. Mächtige Wälder säumen weite Teile seiner unverbauten Ufer der Schattseite. Mit 930 m Seehöhe ist er der höchstgelegene Badesee der Ostalpen. Gelöste Kalkteilchen lassen das Wasser blau erstrahlen, an manchen Tagen schillern die Farben smaragden und türkis. Helle Schotterbänke spiegeln im seichten Uferbereich weißes Licht, davon hat er seinen Namen.

65 Das Nockgebiet in Mittelkärnten mit seinen großzügigen runden Bergrücken ist altes Bergbauernland. Charakteristisch ist auch hier der unregelmäßige Haufenhof mit getrenntem Wohnhaus, Stadel und Getreidespeicher, typisch das Walmdach. Da das Nockgebiet weithin dünn besiedelt ist und traditionell naturnah bewirtschaftet wird, erhebt es Anspruch auf Nationalpark-Status. Es präsentiert sich somit als Hoffnungsgebiet für einen sanften Tourismus.

66 Das sonnige Arriach liegt eingebettet zwischen der Gerlitzen (1911 m) und dem Wöllaner Nock (2139 m) in der sogenannten „Klamm", einem wildromantischen Verbindungstal zwischen Afritz im Gegendtal und Himmelberg bei Feldkirchen. Ungefähr in der Mitte der Klamm, wo der Mühlbach herunter kommt, liegt auf einer Anhöhe das Haufendorf Arriach mit seinen schönen, alten Bauernhöfen. Hier kann man noch die mittlerweile selten gewordenen „Troadkästen" (Getreidespeicher) bewundern.
So klein der Ort ist, er hat zwei Kirchen, als Zeugnis von Reformation und Gegenreformation. Die katholische Pfarrkirche (im Bild) wurde 1414 erbaut, die evangelische ist neugotisch und stammt aus unserem Jahrhundert. Auf dem Dorfplatz von Arriach haben die Protestanten ihrem Kaiser Joseph II., „dem Schützer der Menschheit", ein Denkmal gesetzt – zum Dank für sein Toleranzpatent.

67 Der launige Spruch: „Wenn zwei Kärntner zusammenkommen, gründen sie einen Gesangsverein“ sagt alles über die Freude an Musik hierzulande. Das Kärntner Lied ist ein Volkslied mit harmonischer Melodie und getragener Melancholie, in der Grundhaltung und häufig auch im Text aber ausgesprochen heiter. Es wird a cappella gesungen, ursprünglich nur im Männerchor, die gesellschaftlichen Veränderungen in unserem Jahrhundert haben auch den Frauen Stimmen gebracht. So entstanden die reizvollen gemischten Chöre.
Immer wieder waren es die Lehrer, die das Kärntner Liedgut mitgetragen und durch eigene Impulse bereichert haben. Zahlreiche Lehrerquintette haben die traditionelle Urform des Fünfgesanges aus tiefer Quinte, hoher Quinte, Vorsänger, Übersänger und Baß gepflegt. Sie wurden so zu Vorbildern und setzten neue Maßstäbe.

68 Es ist fast unmöglich, auf dem Zollfeld eine Kirche ohne Römersteine zu finden! Das gilt auch für die Pfarrkirche von St. Donat südlich von St. Veit an der Abzweigung nach Hochosterwitz. Bei ihrem Bau im Jahre 1154 wurden der Kirche zahlreiche römische Reliefs einverleibt; eine Besonderheit darunter sind zwei keltische Köpfe. Der eine, der sogenannte „Maskenkopf“, soll die älteste Kärntner Plastik sein.

69 Max Gangl, Bildhauer und Maler, arbeitet während der Sommermonate mit anderen Künstlern im Steinbruch Krastal. Schon die Römer sollen den dort gebrochenen Marmor für den Bau Virunums verwendet haben. Der Stein besticht durch glasige Transparenz mit zarten Farbeinschlüssen in Serpentingrün und Lachsrosa.

70 1769 entdeckte Franz Xaver Freiherr von Wulfen die blaue Blume Kärntens, die seither ihm zu Ehren den Namen Wulfenia trägt. Bei uns wächst sie auf dem Gartnerkofel in den Karnischen Alpen, und nur dort, sie ist also ein Endemit. Erst im fernen Montenegro und im Himalaya kommen wieder Wulfenia-Arten vor.
Bei uns wuchert die Blume so üppig, daß sie der Volksmund etwas derb „Kuhtritt“ nennt. Als Relikt aus dem Tertiär hat sie trotz intensiver Bodenanalysen und Klimaforschungen das letzte Geheimnis ihrer Herkunft und das Rätsel ihres isolierten Vorkommens noch nicht preisgegeben.

71 All jene „Vierbergler“, die es noch nicht wußten, lernen auf dem Lorenziberg mit steifen Muskeln und müden Knochen noch schnell, wie man eine Milchkanne trocknet. Die stille Szene wird endgültig zum Symbol für den gesunden Rhythmus bäuerlichen Lebens mit der steten Wiederkehr vertrauter Handlungen, wenn man Jahre später wieder den Lorenziberg besucht und die „Kandl“, über denselben Zaunpfahl gestülpt, wiederfindet.

72 Der Frontverlauf des Ersten Weltkrieges folgte den Kämmen, Graten und Rücken der Karnischen Alpen. Schützengräben, Unterstände, rostiger Stacheldraht und versicherte Klettersteige erinnern an die Kämpfe in diesen hochalpinen Regionen. Viele Soldaten mußten nicht nur durch die Kampfhandlungen, sondern auch durch Lawinenabgänge ihr Leben lassen. Große Teile der damaligen Versorgungswege wurden in den „Friedensweg“ eingebunden, der von Sillian bis Thörl-Maglern führt. Unter der Kellerwand zieht der Weg zum Valentin-Törl, links im Hintergrund die Nordwand der Hohen Warte (2780 m), rechts im Bild der Rauchkofel, ein Skiberg für Firntouren im Frühling.
Die Beziehungen der Menschen beiderseits der Grenze waren durch die Kriegsvergangenheit kaum belastet, in den Nachkriegsjahren entwickelte sich ein reges Schmugglerwesen, und heute feiert man gemeinsam Almkirchtage, berauschende Feste der Freundschaft.

73 „Die Walische Katz streicht über den Wolayer Paß“, sagen die Einheimischen, wenn Nebelschwaden vom Süden zum Wolayer See heraufkriechen, als Vorboten für einen Wetterumschwung. Denn durch sie kündigt sich in der Regel ein Mittelmeer-Tief an, das starke Niederschläge, Kälteeinbrüche, unerwartete Schneefälle und Hochwässer bringen kann.

74 Der Oberlauf der Lavant, die das weiteste Tal Kärntens gegraben hat: das Lavanttal. Für die Lavanttaler ist es das Paradies Kärntens, für das übrige Kärnten ist es das Land hinter der Saualpe. Der Sage nach soll hier einmal ein großer See gewesen sein, den ein Zwerg abgelassen hat; den Bauern gab er dafür statt Gold einen Wert für Jahrtausende: fruchtbares Land, vor allem gut für den Obstbau. Kein Wunder, daß hier auch Kirchen und Stifte gedeihen konnten, wie die Wallfahrtskirche Maria Loretto in St. Andrä und das romanische Benediktinerstift St. Paul mit seiner reichen Bibliothek.

75 Das Alpenvereinshaus am Wolayer See wurde nach Ing. Eduard Pichl benannt, dessen „Führer durch die Karnische Hauptkette“ 1929 erschien. Das Buch berichtet über erfolgreiche Besteigungen und bot zugleich Ansporn für zahlreiche bergsteigerische Unternehmungen. Malerisch am Hügel über dem blauen Spiegel des Wolayer Sees gelegen, ist die Pichlhütte eine jener von großartigen Bergszenarien umgebenen Zufluchtsstätten, die ein Durchwandern der Karnischen Hauptkette in angenehmen Tagesetappen ermöglichen.

76 In den Karnischen Alpen mischen sich Formen aus Dolomiten und Tauern, Grund für die reizvolle Vielfalt dieser Berge. Sie begleiten im Süden die längste gerade Talfurche der Ostalpen (Lesachtal, Gailtal). Schroffe Kalke aus dem Paläo- und Mesozoikum mit bis zu 700 Meter hohen Wandfluchten wechseln mit kristallinen, bis zu den Gipfeln begrasten Bergkuppen (Schiefer, Gneise). Geologen aus aller Welt studieren Gesteinprofile, lesen in den erdgeschichtlichen Zeitstufen, die durch tierische Fossilien und paläobotanische Funde bestimmbar sind. Im Gailtal verläuft die Grenze zwischen der afrikanischen und europäischen Platte.
Verheerende Erdbeben (Dobratschabstürze in den Jahren 1348 und 1690, aber auch in jüngster Zeit 1976 mit schweren Schäden im benachbarten Friaul) und austretende Thermen sind Zeugen tektonischer Aktivität und beanspruchen größtes wissenschaftliches Interesse.

77 Zwischen Karnischen und Gailtaler Alpen liegt im Gailtal der kleine, seichte Pressegger See, ein Landschaftsschutzgebiet, wo sich der Zugriff des Menschen in respektvoller Grenze hält.

78 Die Winterkälte läßt die Kärntner Seen regelmäßig zu riesigen Natureisflächen erstarren. Wo vier Monate zuvor noch gebadet wurde, herrschen nun Schlittschuh, Eisstock, Puck und Eissurfer.
Organisierte Eisfeste mit Live-Musik, sportlichen Wettkämpfen, Kinderspektakel und ländlichen Genüssen wie z. B. „Jagertee“, ein heißes Gebräu aus Tee mit Schnaps (manchmal auch umgekehrt), bringen die Massen auf die bekuften Beine und werden wahre Volksfeste.

79 Die Egelberge nördlich des Pressegger Sees gehören zu den markantesten Gipfeln der Gailtaler Alpen. Die steil aufragenden, weitgehend begrasten Kalkriffe sind ein Paradies für Gemsen. Mit etwas Glück erlebt man hier Begegnungen mit Steinadlern aus den Julischen Alpen. Diese majestätischen Tiere brauchen riesige Revierräume und kennen keine politischen Grenzen. Der Spitzegel ist ein fantastischer Aussichtsberg, an klaren Tagen sieht man von seinem Gipfel fast ganz Kärnten. Unter den Nordabstürzen des Reißkofels liegt die E. T. Compton-Hütte. Sie trägt den Namen des berühmten Malers, der in großartiger Kunst die Schönheit der Alpen in seinen Bildern darstellte.

80 An einem klaren Herbstabend reicht die Fernsicht von den Karawanken bis zu den Hohen Tauern. Tief unten liegt der Wörther See mit der Kirche von Maria Wörth, der Schlangeninsel und der Pörtschacher Halbinsel, dahinter steht die Kulisse aus Ossiacher Tauern, Gerlitzen und Mirnock und am Horizont, alles überragend, der Gipfelaufbau des Großglockners mit der Glocknerwand.

kneissl
kneissl
kneissl
kneissl

83 · 84

Gegründet im Jahr: 1758
Rennovirt – Jahr: 1856
Cweite Mahl – Jahr: 1900
Der hier sein Nahmen Schreibt. Selbst schwahen
Verstand – nachweist.

Täglich frische Almmilch
Butterbrot
Käsebrot
Speckjause

ONDA
ONDA
K 12
757

95 · 96

108 · 109 · 110

112

114 · 115

119–123

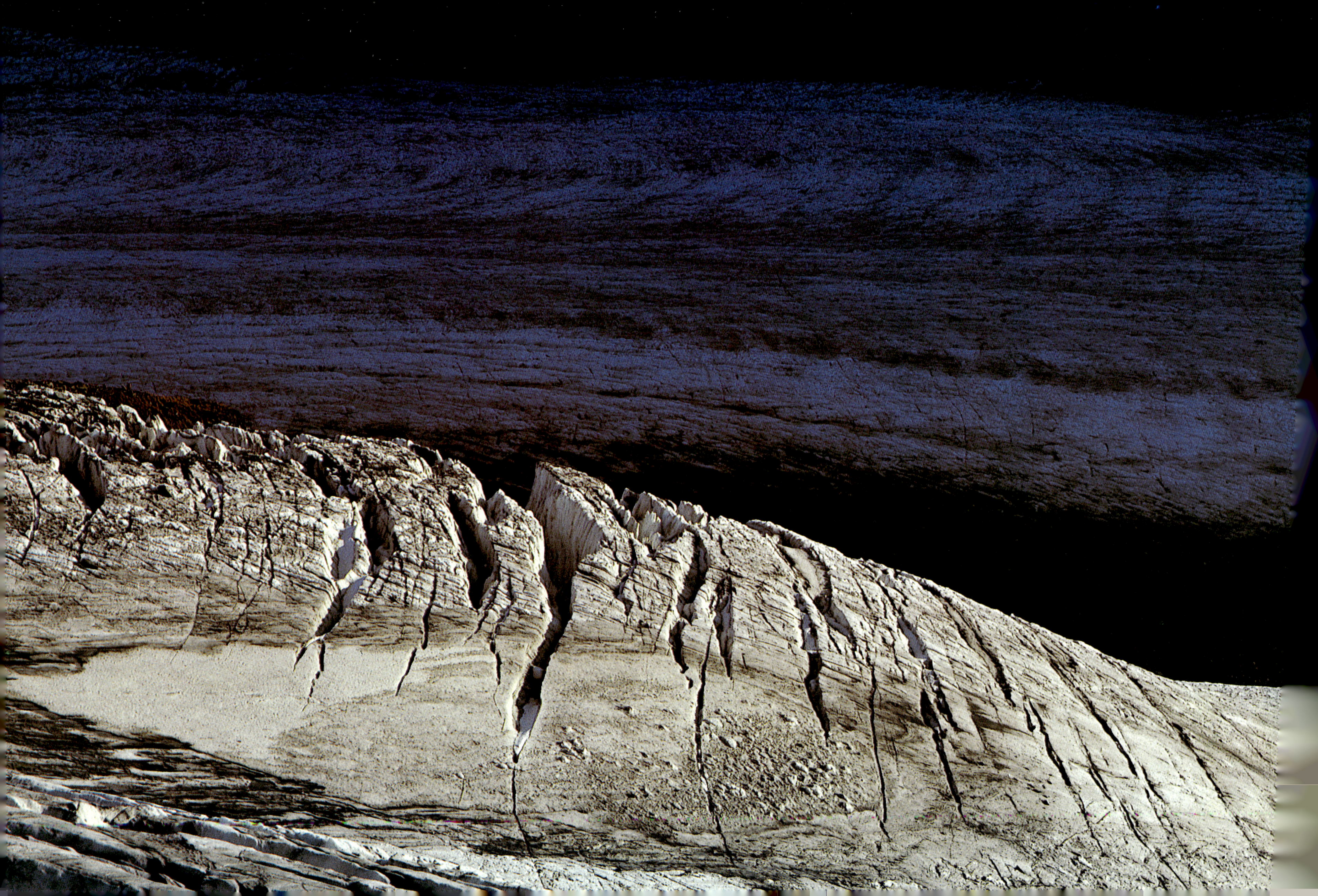

BILDLEGENDEN
81–123

81 Über der Waldgrenze trotzen nur noch wenige Einzelkämpfer Niederschlägen, Frost und Sturm. „Kampfzone" heißt dieser Bereich, und er gehört der Zirbe und der Lärche. Im Bild eine Lärche unter den Nordwänden des Roßkofels.

82 In Bad Kleinkirchheim kann man auf FIS-erprobten Weltcupstrecken mehr oder weniger weite Sprünge machen. Die Entwicklung des Wintersportes im Lande verläuft parallel zu den Karrieren der Kärntner Schi-Asse.

Medaillengewinne bei Weltmeisterschaften und Olympischen Spielen und Siege in Weltcuprennen bilden eine Erfolgsbilanz, deren Höhepunkte die Olympiasiege von Dr. Karl Schnabl und Franz Klammer sind.
Franz Klammer ist zum Liebling der ganzen Nation geworden und zum Aushängeschild Nr. 1 für Kärnten.

83 Im klassischen Urlaubsland des Sommers entdeckte man in den sechziger Jahren die Möglichkeiten des Wintertourismus. Der Ausbau von Schigebieten brachte Arbeitsplätze und wirtschaftlichen Aufschwung. Paradebeispiel dafür ist der durch eine großzügige Straße erschlossene Naßfeldpaß.

Aber hier zeigen sich schon die Schattenseiten: Wenn man den Ausbau so weiter betreibt und mit Übererschließung auf schnelle Erfolge zielt, steuert man auf einen unkontrollierbaren Massentourismus zu und schließlich auf wirtschaftlichen und ökologischen Infarkt.

Zukünftige Generationen können in und von ihrer Heimat nur durch Qualität statt Quantität leben; das bedeutet für sie, die Identität ihrer Landschaft wieder neu begreifen zu lernen, um das uns anvertraute Naturerbe zu erhalten; was nichts anderes heißt, als – in Frieden lassen.

84 Ein gewaltiges Szenario aus Farbe, Form und Urnatur an Kärntens Südgrenze: Neuschnee und ungewöhnliches Licht verleihen dem Gartnerkofel fast unirdischen Glanz. Der Winter mit seinen Schneemassen bringt es immer wieder fertig, die Landschaft frisch zu zeichnen. Wie neugeboren liegen die Millionen Jahre alten Gipfel der Karnier unter dem Schnee.

85 Vom Gipfel der Madritsche, heute Teil des Skizirkus der Karnischen Region, genießt man im letzten Abendlicht das Panorama der mächtigen Julischen Alpen. Über die Grenzen Italiens und Jugoslawiens grüßen von rechts nach links Kanin, Montasch, Wischberg, Kanjavec, Jalouz und Mangart, im Vordergrund links der Gartnerkofel, rechts der Ostaufschwung des Roßkofels.

86 Die Pflege von Jahrhunderten spricht aus dem alten Bildstock in Paßriach. Hier haben sich Generationen von Stiftern verewigt. Unterschiedlich wie Schriftzüge und Orthographie sind die wechselnden Bedeutungen, die der Stein im Laufe der Zeiten erfuhr.

87 Maria Salcher lebt seit vier Generationen auf dem Promeggerhof im Lesachtal. Sie hat ihre Bauernstube aus dem 19. Jahrhundert in der original überlieferten Form erhalten.

Den meisten derartigen Stuben ist ganz anderes widerfahren: Verkleistert durch Tapeten, verdrängt durch Resopal, wanderten sie stückweise in den Ofen oder auf den Antiquitätenmarkt. Als innenarchitektonische Schaustücke in fremder Umgebung, vermitteln sie Wohnbehagen in künstlicher Ländlichkeit, während ihre einstigen Besitzer sich mit kaltem Mobiliar aus dem Möbelhaus umgeben und dies für Fortschritt halten.
Zum Glück beginnt mancherorts ein Umdenken. Man besinnt sich wieder der alten Werte.

88 Hier trocknen die „Schottensackln", unentbehrliches Werkzeug für die Herstellung des Almtopfens. Vor der Zeit der Kühlschränke war es nötig, die Milch schon auf der Alm in haltbare Form zu bringen und Käse, Butter und Topfen zu machen.
Am einfachsten ist die Topfenherstellung: Sauermilch wird in Leinensäcke gefüllt (eben die „Schottensackln"), damit die Molke abfließen kann. Zurück bleibt der Topfen, eine wichtige Grundlage der Kärntner Küche.

Daß dieses Herstellungsverfahren in Zeiten der computergesteuerten Großmolkereien noch immer konkurrenzfähig ist, liegt am unvergleichlichen Geschmack des Almtopfens.

89 Die Alm ist seit Jahrhunderten genutztes, bäuerliches Kulturland. Im Sommer wird aufgetrieben: Kühe, Schafe, Ziegen, Schweine, aber auch Pferde dürfen paradiesische Wiesen ohne Zäune beweiden. Da die Höhenlage der Almen von den Quellhorizonten abhängt, liegen sie in den Kalkalpen wegen der größeren Durchlässigkeit des Gesteins tiefer (bis 2000 m) als in den Zentralalpen (bis 2500 m). Ähnlich verhält es sich mit Baum-, Getreide- und Siedlungsgrenzen. Julius Kugy spricht in einem seiner Bücher von der „herzerquickenden Heiterkeit der kärntnerischen Alm". Das Glockengeläute der „Viecha", malerische Sennhütten und eine unverbrauchte Landschaft lassen diese Stimmung auch heute noch entstehen, wie in alten Zeiten.

90 Am Pfingstmontag gehen die ledigen Burschen in Feistritz einem gleichermaßen spektakulären wie pittoresken Brauch nach: dem Kufenstechen. Hoch zu Roß preschen sie durch eine enge, von Zusehern dicht gesäumte Gasse und versuchen ein auf einem Pfahl befestigtes Faß (Kufe) zu zertrümmern. Ist dies gelungen, werden die Faßreifen aufgespießt. Der Sieger bekommt einen mit Blüten geflochtenen Kranz, anschließend führen die Reiter ihre Mädchen zum Lindentanz.
Phantasievolle Überlieferung in der Bevölkerung deutet den Ursprung des Reiterspieles gern märchenhaft; Verbindungen zu Fruchtbarkeitsriten und sogar zu den Türkeneinfällen wurden hergestellt.
Die Realität ist prosaischer: Die Kufe war das Leergebinde der Säumer am Ende eines beschwerlichen Weges, aus „Spaß und Übermut" wurde sie im Galopp zertrümmert.

91 Ländliche Jugend trägt heute zweierlei Tracht: Das Motorradgewand wird ebenso gern mit dem Festtagsdirndl und -janker vertauscht wie umgekehrt. Moderne Bekleidungsindustrie mit ihren hochspezialisierten Freizeitmonturen hat auch das Kärntnerland überzogen.
Aber noch ist die Tracht hier mehr als nur ein Kostüm, das man zum Kirchtag oder dem Fremden zuliebe überzieht.

92 Rojach, ein Ortsteil von Heiligenblut, ist ein seit Jahrhunderten harmonisch gewachsener Kulturraum. Die Bauernhäuser sind in ihrer zeitlosen Schönheit charakteristisch für das obere Mölltal: Paarhöfe, d. h. Feuerhaus (Wohnhaus) und Futterhaus sind voneinander getrennt. Die Holzdächer sind mit „handgeklobenen Schindeln" aus heimischen Lärchen gedeckt, die beim „richtigen Schein" (Mondphase) gefällt werden müssen. Sie leiten das Wasser gut ab, trocknen schnell und sind viel widerstandsfähiger gegen Fäulnis als geschnittene Bretter.
Im Erlenwald am Möllufer die spätgotische Filialkirche von Heiligenblut, die dem heiligen Martin geweiht ist.

93 Bei der Fronleichnamsprozession in Heiligenblut tragen verheiratete Frauen aus dem Dorf in der historischen Heiligenbluter Tracht (Festtagshut, bunte Seidenschürzen) die Mutter Anna mit der Gottesmutter.

94 Der Gößnitzbach („Göß" kommt aus dem Slawischen und bedeutet „rauschendes Wasser") stürzt die letzten 80 Meter über eine Steilstufe aus einem der schönsten und unberührtesten Täler des Nationalparks Hohe Tauern.

95 In fast 1700 m Seehöhe liegt der Bergbauernhof vulgo Herich. Zum Teil stammt er aus dem 16. Jahrhundert und wird heute noch im Vollerwerb geführt. Sonnseitig auf der „Mölltalleit'n" gelegene Paar- und Haufenhöfe sind eine Besonderheit der Besiedlung des obersten Mölltals. Sie bilden mit der Landschaft eine Einheit, da sie aus Materialien der nächsten Umgebung gebaut sind. Das Futterhaus steht mit der Längsachse zum Hang, damit die Zufahrt (Tennbruck'n), über die das Heu eingebracht wird, leicht angelegt werden kann. Charakteristisch sind auch die eingezäunten Gemüsegärten beim Haus, entstanden aus der Notwendigkeit, autark zu leben.
In dieser Höhe ergibt sich die einzigartige Situation: Unmittelbar hinter dem Hof beginnen die Apriacher Almen – ein nahezu nahtloser Übergang von Dauersiedlungsraum in Almen.
Im Hintergrund der Jungfernsprung, dessen Wasser über steile Felsstufen aus der Zoppenitzen ins Mölltal hinunterfällt.

96 Auf der Sonnseite des Mölltales, zwischen Großkirchheim und Heiligenblut, liegt in 1200 bis 1700 m Seehöhe die Streusiedlung Apriach mit 136 Einwohnern. Wie wohl kaum ein Ort in Österreich entspricht sie dem Idealbild

der intakten, naturnahen Kulturlandschaft, geschaffen und erhalten von den Bergbauern mit ihrem untrüglichen Gefühl für die Natur.
In Apriach stehen – heute denkmalgeschützt – noch betriebsfähige Stockmühlen, ein Beispiel der intelligenten Nutzung der Wasserkraft. Sie sind der Stolz der Bauern und mahlen Getreide zum „schönsten Mehl".

97 Mit nachbarlicher Hilfe ohne moderne Technik wird am Krumbauerfeld bei der Wolfgangkapelle „gebaut", wie man in der Gegend zum Pflügen sagt.

98 Charakteristisch für die Südseite der Hohen Tauern sind die „Harpfen" ohne Dach, leiterartige Gerüste zum Trocknen von Getreide, die noch aus keltisch-illyrischer Zeit stammen.
Das Getreide wird mit der Sense gemäht, mit der Sichel aufgehoben und in Garben gebunden. Zuerst in „Schöberlen" (Haufen, Kornmandln) vorgetrocknet, werden diese nach ein paar Tagen zum Reifen der Ähren und Halme auf die Stangen der Harpfen zum Trocknen gelegt.

99 Beim Heuen. Da die Bergwiesen meist unzugänglich und zu steil sind, um Maschinen einsetzen zu können, wird das Gras noch auf die althergebrachte Art und Weise mit der Sense gemäht und mit der Hand gewendet, damit es gut trocknen kann.

100 · 101 Einer der Apriacher Bauern heißt schlicht „der Kegel" – die lakonische Sprache auf dem Land verzichtet auf schmückende Beiwörter und Vornamen.
Porträts vom „Kegel" und seiner Frau zeichnen Gesichter, die mehr vom harten Bauernleben erzählen als tausend Worte.

102 Drei junge Steinböcke im Glocknergebiet bei Kampfspielen, Training für die späteren Rangordnungskämpfe der älteren Böcke. Der mittlere richtet sich auf den Hinterläufen auf, Sekunden später schlagen alle drei mit den Hörnern zusammen.
Da man glaubte, daß „jedes Stück des Steinbocks eine Wundermedizin sei gegen Schwund, Gicht und Angst, für Fruchtbarkeit, kraftvolle Kinder, gebärfreudige Weiberleut' und Lebensverlängerung" (aus Helmut Prasch: „Rund um die Möll", Herausgeber: Bezirksmuseum Spittal a. d. Drau), wurde der Steinbock vor 200 Jahren in den Alpen ausgerottet, allein in einem besonders bewachten Naturschutzgebiet bei Aosta überlebten einige wenige Exemplare der Spezies. Von dort wurden sie wieder in der Schweiz eingebürgert, und von Pontresina wurden 1960 und 1962 insgesamt fünf Paare nach Heiligenblut gebracht.
Heute leben etwa 90 Steinböcke im Glocknergebiet.

103 Eine seltene Begegnung des Fotografen mit zwei Gemsen und einem Fuchs bei Murmeltierbauten am Ochsenkopf hoch über Heiligenblut.

104 Zwischen den höchstgelegenen Zirben und Lärchen breitet sich die Zwergstrauchheide mit ihrer herbstlichen Farbenpracht aus. Rot strahlen die Blätter der Bärentraube zwischen dem längst verblühten Almrausch (Rostrote Alpenrose).
Der Weg führt vom Gasthaus Glocknerblick in die Kluiden – hoch über der Gemeinde Großkirchheim im Mölltal. Der Ort war im 15. und 16. Jahrhundert Zentrum des Gold- und Silberbergbaus in den südlichen Hohen Tauern.

105 In der Zoppenitzen, auf 2200 m Höhe, lebt im Sommer die „Schmied-im-Bach-Nani" allein mit und von ihren Kühen, Ziegen, Hühnern und einem Schwein. Früher hatten mehrere Familien dort ihre Almhütten bewirtschaftet, heute ist sie die letzte Sennerin in der Zoppenitzen und führt ein Leben, als sei die Zeit stehengeblieben.
Almen entstanden, als der Weidelandbedarf wuchs und man in hoch gelegene Gebiete ausweichen mußte, um das Gras im Tal für den Winterbedarf zu schonen. Solche in Generationen geschaffenen Almen sind Bindeglieder zwischen ursprünglicher Natur und Kulturland und aus unserer Landschaft nicht mehr wegzudenken.
Der Nationalpark Hohe Tauern will nicht nur unberührte Natur erhalten, sondern auch die in Jahrhunderten gewachsenen und bewährten, der Landschaft angepaßten bäuerlichen Existenzformen mit ihren unverzichtbaren Kulturgütern bewahren.

106 Der von Rundhöckern und Moränen einstiger Gletscher umschlossene Wangenitzsee ist der größte und tiefste Karsee der Schobergruppe. Während im tief unten liegenden Mölltal noch die Morgennebel liegen, wärmen die ersten Sonnenstrahlen schon die Wangenitzseehütte, ein Alpenvereinsschutzhaus, das 1965 anstelle der alten abgebrannten Hütte wieder errichtet wurde. Sie ist Ausgangspunkt für viele hochalpine Touren, u. a. auf das Petzeck, den höchsten Berg der Schobergruppe.
Auch der Wiener Höhenweg führt am Wangenitzsee vorbei. Man kann in drei bis fünf Tagen vom Iselsberg aus die gesamte Schobergruppe durchqueren und einige der schönsten Plätze des Nationalparks Hohe Tauern besuchen. Sieben Schutzhütten bieten sich als Stationen an. Ziel der Wanderung ist die Franz-Josephs-Höhe in der Glocknergruppe, benannt nach Kaiser Franz Joseph I., der sie 1856 besuchte.

107 Die Glocknerscharte ist der Übergang zwischen Klein- und Großglockner. Links die steil abfallende Eisflanke aufs Ködnitzkees, rechts die 600 m abfallende Pallavicini-Rinne ins innere Glocknerkar.
1876 gelang Alfred Markgraf Pallavicini, „einem der stärksten Männer Wiens", mit den drei Heiligenbluter Bergführern Tribusser, Kramser und Bäuerle die Erstbegehung. Johann Tribusser schlug mit einer Eisaxt, dem Vorgänger des Eispickels, bis zur völligen Erschöpfung 2500 Stufen ins bis 60 Grad steile Eis. Sieben Stunden nach dem Einstieg war der Gipfel erreicht.
Zehn Jahre später stürzte Pallavicini mit einer Schneewächte von der Glocknerwand in den Tod. Er liegt auf dem Friedhof in Heiligenblut begraben.

108 Die ungefähr 40 kg schwere Gemse mit ihren charakteristisch gebogenen Hörnern, den „Gamskrucken", gehört zum Ursprungswild der Hohen Tauern.
Die Gemsen sind ausgezeichnete Kletterer, schon die Kitze springen und tollen übermütig in den Karen und rodeln oft purzelbaumschlagend über die Schneefelder. Die jungen Gemsen bilden mit den Geißen die Rudel, zu denen die Böcke meist nur in der Brunftzeit stoßen.

109 Die faszinierende Bergwelt des Nationalparks Hohe Tauern: Im Vordergrund das Leitertal, bekannt geworden durch die Erstbesteigung des Großglockners, dahinter das Gößnitztal mit den schattigen Karen der drei Langtalseen. Beide Täler münden in das Mölltal. Von Heiligenblut ausgehend, überquert die Großglockner-Hochalpenstraße den Hauptkamm der Hohen Tauern. Sie folgt dabei der alten Trasse eines Saumpfades, über den schon Tausker und Römer zogen, wie die zwei Jahrtausende alten Funde eines Bronzedolches und einer römischen Statuette belegen.

Die Grenze zu Salzburg bilden die Gipfel: Hocharn, Hoher Sonnblick (Observatorium), Schareck (Gletscherskigebiet) und Ankogel, rechts anschließend die Hochalmspitze. Am Horizont ragen die Karawankengipfel aus dem Nebel, rechts davon der charakteristische Gipfel des Triglav mit dem vorgelagerten Gletscher, 2863 m, der höchste Berg Jugoslawiens.

110 Die Lärche ist der einzige Nadelbaum, der im Herbst seine Nadeln abwirft. Zuerst leuchten die Nadeln weithin sichtbar goldgelb, wenn ihnen das Chlorophyll entzogen wird, dann bedecken sie in zentimeterdicker Schicht den Waldboden.

Viele der reinen Lärchenwälder sind erst sekundär entstanden. Wenn Almen aufgelassen werden, beginnt der Rohbodenkeimer im Humusboden Fuß zu fassen. So kann man am Alter der Bäume ungefähr bestimmen, wann die Bewirtschaftung der Wiesen aufgegeben wurde.

111 · 112 Die Heiligenbluter Sternsinger halten ihren Brauch, den „ergreifendsten, schlichtesten und urtümlichsten Sternsingerumzug" heilig. Nach der Lichterweihe in der Kirche besuchen acht Rotten (Gruppen) von je sechzehn Männern (zehn Sänger, fünf Musikanten, ein Sterntreiber) alle Heiligenbluter Häuser, auch die entlegensten Höfe werden nicht ausgelassen. Bis in die frühen Morgenstunden bringen die Sternsinger vierzig- bis fünfzigmal, egal ob es stürmt oder schneit, die Weihnachtsbotschaft im „Sternlied" und wünschen den „Hausleuten" ein „Gutes Neues Jahr, g'sund bleib'n und die Alten bleib'n".

113 In den tiefen jungfräulichen Pulverschnee die erste Spur zu zeichnen, ist der Traum jedes Schifahrers.

114 Im Winter schiebt der Tauernwind Minischneewächten (ähnlich kleinen Dünen) vor sich her und zeichnet so ein reizvolles Bild für den, der auch noch im Sturm ein offenes Auge hat. Der windgepreßte Schnee ist allerdings nur für den sehr guten Schifahrer ein Genuß.

115 Das Panorama vom Petzeck ist überwältigend: Von den Karnischen Alpen über die Lienzer Dolomiten bis zu den Drei Zinnen in den Sextener Dolomiten schweift der Blick.
Der auf der sanft geneigten Hochfläche liegende Firnpolster war einst Nährgebiet der mächtigen Gletscher, die vom höchsten Gipfel (3282 m) der Schobergruppe zu Tal strömten.

116 Das Prititschkar ist der großartigste Landschaftsteil der Schobergruppe, eine einzigartige Rückzugslandschaft einstiger Gletscher. Sie haben die Kare in jahrtausendelanger Arbeit umgestaltet. Unter großem Druck lastete das schuttdurchsetzte Eis auf dem Fels und hobelte und schliff beim Darüberfließen den Untergrund ab. Rundbuckel und Karseen entstanden.
In den zahlreichen glasklaren Karseen spiegeln sich die Gipfel des Kleinen Petzecks und des Petzecks.

117 Großglockner mit Pasterzengletscher, die Keimzelle des Nationalparks Hohe Tauern.
Überwältigt vom Besuch des bereits 1872 gegründeten Yellowstone Nationalparks, erwarb der Villacher Industrielle und Naturliebhaber Albert Wirth 1918 den Pasterzengletscher mit den umliegenden Gipfeln des Glocknermassivs und schenkte dieses 41 Quadratkilometer große Gebiet dem Österreichischen Alpenverein mit der Auflage, daß diese Landschaft „für ewige Zeiten als Naturschutzgebiet erhalten bleiben müsse".

„Geleitet von dem Wunsche, die Hohen Tauern als einen besonders eindrucksvollen und formenreichen Teil der österreichischen Alpen in ihrer Schönheit und Ursprünglichkeit als Beispiel einer für Österreich repräsentativen Landschaft und zum Wohle der Bevölkerung, zum Nutzen der Wissenschaft und zur Förderung der Wirtschaft für alle Zukunft zu erhalten", schlossen die Landeshauptmänner von Kärnten, Salzburg und Tirol im Vertrag von Heiligenblut 1971 die Vereinbarung zur Schaffung des Nationalparks Hohe Tauern. Dies bedeutet in der Praxis: Bestehende Straßen und Liftanlagen sollen verbessert und modernisiert, aber keine neuen mehr gebaut werden. Alle Kraftwerksprojekte werden gestoppt.
Heute setzt man auch im Fremdenverkehr auf den „sanften" Tourismus. Der Aktivurlaub in der unzerstörten Natur- und Kulturlandschaft wird in Zukunft die exklusivste Art der Erholung sein.

118 Zu Ende des 18. Jahrhunderts, als der Alpinismus noch seiner Geburt entgegenschlummerte, hatte der Gurker Fürstbischof Franz Xaver Altgraf von Salm-Reifferscheid eine für einen geistlichen Herrn überraschende, große Passion: die Eroberung des höchsten Berges von Österreich – des Großglockners. Dabei ging er generalstabsmäßig vor und rüstete gleich mehrere groß angelegte Expeditionen aus. Der erste Angriff im Jahr 1799 scheiterte im Schneesturm auf dem Kleinglockner. Aber schon im nächsten Jahr war der unermüdliche Eroberer im Priestergewand wieder unterwegs: mit 16 Pack- und Reitpferden und 62 Personen. Fünf davon erreichten am 28. Juli 1800 das Ziel: Die Brüder Klotz mit zwei weiteren Zimmerleuten aus Heiligenblut und dem Großkirchheimer Pfarrer Horrasch standen auf dem 3798 m hohen Gipfel.

Fürstbischof Salm ließ die nach ihm benannte Salmhütte, eine weitere kleine Hütte auf der Hohenwartscharte und die Adlersruhe erbauen.
Er sorgte auch für das leibliche Wohl der Bergsteiger mit einer „fürstlichen Tafel". Generalvikar Sigismund von Hohenwart, ein ambitionierter Naturforscher, berichtet in seinem Tagebuch: „Der Koch bereitete der hungrigen Gesellschaft ein herrliches Diner, bei der der Fürst die Freude genoß, die Schüsseln schneller verschwinden zu sehen, als bei seiner Tafel in Klagenfurt. Das seltenste und auserlesenste Obst zierte hier an der Grenze des ewigen Eises den Nachtisch, und Champagner, Tokayer und Malvasier quollen hier, als keltere man sie vom nahen Gletscher." Die Kosten der Expedition dürften vergleichbar mit den Himalaya-Expeditionen unseres Jahrhunderts gewesen sein.

Fürstbischof Salm selbst drang erst bei seiner dritten Expedition 1802 bis zum Glocknerleitl vor. Seinen Fuß auf den Gipfel zu setzen, war ihm nicht vergönnt. Sein Generalvikar Hohenwart, der sehr viel Erkundungsarbeit geleistet hatte, erreichte endlich den Gipfel.

119 Dädalus und Ikarus des 20. Jahrhunderts schweben vom Bergriesen herab nach Heiligenblut. Der Ort zu Füßen des Großglockners verknüpft alte Bauerntradition mit dem Ruhm eines ganz besonderen Ferienortes für alle vier Jahreszeiten: Im Sommer ist das malerische Bergdorf Ausgangspunkt für Wanderungen in den Nationalpark Hohe Tauern. Schon seit dem 19. Jahrhundert führen die Heiligenbluter Bergführer Gäste aus aller Welt sicher auf Anstiegen aller Schwierigkeitsgrade nicht nur auf den Großglockner.

Im Winter bringt die Technik den Schifahrer bis auf fast 3000 m Seehöhe; 35 km Schipiste liegen dann vor ihm. Wenn der Tauernwind am Alpenhauptkamm zu stark bläst, kann man auf zwei im Talboden geschützt liegende Langlaufloipen ausweichen.

Im Frühjahr locken die glänzenden Firnhänge der umliegenden Dreitausender die Schiwanderer an, im Herbst aber, wenn der Himmel tiefblau und die Luft glasklar ist und die Lärchen weithin leuchten, kommt der Fotograf auf seine Rechnung – denn dann ist es im oberen Mölltal am schönsten.

120 Dieser gewaltige Tiefblick bietet sich dem Bergsteiger, wenn er über das Hofmannskees zur Adlersruhe (Erzherzog-Johann-Hütte) aufsteigt. Welch ein Gegensatz zwischen dem aufgerissenen Gletscher im Vordergrund und dem trägen Eisstrom der Pasterze. Das starre Gletschereis reißt beim Fließen über steiles Gelände auf, es entstehen Spalten und Eisbrüche. Im flachen Gelände und unter ständigem Druck fließt das Eis zäh und verformt sich plastisch, wie bei der Pasterze.

Vom „Bahnhof“ oberhalb der Adlersruhe bis auf die Pasterze fand in den Jahren 1935 bis 1949 fünfmal das internationale Glocknerrennen statt. Der Abfahrtslauf war damals das „schwierigste Skirennen“ der Welt, und das letzte Stück über das Hofmannskees erschien den Touristen „steil wie ein Kirchturmdach“. Hans Senger fuhr 1949 zu Pfingsten vor 8000 Zuschauern, die von der Franz-Josephs-Höhe mit Ferngläsern die gesamte 3,5 Kilometer lange Strecke einsehen konnten, den Streckenrekord. Heute wäre keiner der Skirennläufer mehr gewillt, während der Trainingstage täglich zweimal die 1200 Höhenmeter zum Start zu Fuß zu gehen. Außerdem sind die Gletscher so weit zurückgegangen und die Gletscherspalten und Eisbrüche so groß geworden, daß ein Rennen kaum mehr durchführbar wäre.

121 Die Pasterze – dieser breite Strom aus Eis unter dem Großglockner ist Anziehungspunkt für viele Besucher, die oft erstmals in ihrem Leben Eis sehen und betreten können. Der Gletscher ist der größte und längste in den Ostalpen. Scheinbar bewegungslos und von Spalten zerrissen, füllt das im Sommer grüne bis graue Eis das Tal. Der Pasterzengletscher ist jedoch ständigen Änderungen unterworfen.

Der im hochgelegenen Nährgebiet abgelagerte Schnee wird zu Firn und Eis umgewandelt und fließt mit der Schwerkraft abwärts. An der Gletscherzunge schmilzt das Eis im Sommer ab, dadurch werden die Bänderstrukturen im Eis, die Risse und Spalten freigelegt und sichtbar. Welcher Besucher ahnt schon, daß das Eis am Gletscherende etwa 1000 Jahre alt ist und diesen langen Zeitraum gebraucht hat, um von den Gipfeln des Johannisbergs und der Hohen Riffl bis hierher zu gelangen?

122 Die stimmungsvollsten Stunden erlebt der Bergsteiger am frühen Morgen und am Abend. Während die Sonne über dem Stüdlgrat schon untergegangen ist, steht der Mond schon hoch über der Schobergruppe und leuchtet den „alten Kalser Weg“ über das Ködnitzkees auf die Adlersruhe aus. In der Ferne die vertraute Silhouette der Dolomiten.

123 Der Ort Heiligenblut verdankt seinen Namen einem Fläschchen mit dem Heiligen Blut. Die Legende erzählt folgendes: Briccius, der für den Kaiser von Konstantinopel kämpfte und von diesem das Heilige Blut für seine treuen Dienste bekam, schnitt sich in seinen rechten Unterschenkel eine Wunde und verbarg in ihr die Reliquie, damit man sie ihm nicht mehr wegnehmen konnte. Als er am Heimweg nach Dänemark bei Heiligenblut die Alpen überqueren wollte, starb er im Schneesturm oder unter einer Lawine. Bauern sahen beim Heuziehen drei Ähren aus dem Schnee wachsen und fanden den Leichnam. Er wurde ins Dorf gebracht und feierlich begraben; doch dreimal hob sich das „Wundbein“ aus dem Grab. Man entdeckte das Fläschchen mit dem Heiligen Blut, das heute in einer Monstranz im Sakramentshaus aufbewahrt wird. Über dem Grab wurde zuerst eine Kapelle, später die gotische Wallfahrtskirche errichtet. Sie wurde am 1. November 1491 dem heiligen Vinzenz geweiht. Der steil aufragende schmale Bau mit dem spitzen Turm bildet mit den steilen Felswänden und Bergspitzen eine harmonische Einheit.